Charles C. Ryrie

Irrtum ausgeschlossen!

W0061350

*Charles C. Ryrie*

# IRRTUM
## *ausgeschlossen!*

Wahrheit

und

Inspiration

der Bibel

im

Kreuzverhör

 Christliche
Verlagsgesellschaft
Dillenburg

ISBN  3-89436-111-5

Originaltitel: What you should know about Inerrancy
C. C. Ryrie
© 1981 by The Moody Bible Institute of Chicago
© 1996 der deutschsprachigen Ausgabe:
Christliche Verlagsgesellschaft, Dillenburg
Übersetzung: Peter Schäfer von Reetnitz
Umschlaggestaltung: Dieter Otten, Bergneustadt
Satz: CV Dillenburg
Druck: Ebner Ulm
Printed in Germany

# Inhalt

**Kapitel 1**

# Die Dominosteine fallen

L ange bevor ich lernte, Domino nach den Re-
geln zu spielen, benutzte ich die Dominosteine
für ein anderes, ebenso bekanntes Spiel: Ich
stellte sie vorsichtig in langen Reihen hintereinander
auf, manchmal sogar in gewagten Kurven. Wenn der
Aufbau zu meiner Zufriedenheit erledigt war, tippte
ich den ersten in der Reihe leicht an und beobachte-
te dann, wie sie der Reihe nach das Gleichge-
wicht verloren und kippten - in einem kurzen Augenblick war die Frucht meiner sorgfältigen Aufbauarbeit
zerstört.

Manchmal fielen sie auch nicht alle um, und dann
war ich sehr enttäuscht.

Wenn ich heute die Landschaft des Protestan-
tismus überschaue und sehe, wie die Protestanten
mit den Lehren des Evangeliums umgehen, dann
werde ich lebhaft an dieses alte Spiel meiner Kind-
heit erinnert. Jetzt hoffe ich jedoch, daß nicht alle
Steine fallen werden. Jene Lehren, die wir wert-
schätzen und auf die unser Glaube nicht verzichten
kann, sind wie in Reihen aufgestellte Dominosteine.
Jede einzelne dieser Lehren ist für sich genommen
wichtig. Wenn wir nur eine davon aus der ursprüngli-
chen Position herauslösen, indem wir sie ignorieren

oder verfälschen, dann ist der „ein für allemal den Heiligen überlieferte Glaube" (Judas 3) unvollständig. Sobald eine fällt, werden unvermeidlich weitere in ihrer Stabilität beeinflußt: Die ganze Struktur steht dann in der Gefahr, vernichtet zu werden.

Gewiß, einige der christlichen Lehren sind wichtiger als andere. So gibt es beispielsweise ohne eine sorgfältige Lehre über Christus in der Tat keinen christlichen Glauben. Wie aber können wir ohne eine zuverlässige Bibel sicher sein, daß unsere Betrachtungsweise des Christus die richtige ist? Eine richtige oder falsche Lehre vom Heiligen Geist beeinflußt nicht nur unsere Sicht der Dreifaltigkeit, sondern ebenso unser Verständnis weiterer wichtiger Lehren wie der über das Seelenheil oder der von der Heiligung. Wie können wir aber die Wahrheit über den Heiligen Geist kennen, wenn wir der Genauigkeit unserer Bibel nicht vertrauen können? Wenn die Bibel im Bereich der Wissenschaft dem Zeitgeist folgt, dann gleicht sie sich der vorherrschenden Meinung vielleicht ebenso in dem an, was sie über den Heiligen Geist lehrt.

Wenn alle Lehren der Heiligen Schrift wie Dominosteine in einer Reihe hintereinander aufgestellt würden, dann trüge der erste Stein in dieser Reihe offensichtlich den Namen „Glaubwürdigkeit der Schrift". Mit diesem ersten Dominostein stehen oder fallen einige weitere, die meisten von ihnen, wenn nicht sogar alle anderen auch.

Fällt dieser erste Stein in unseren Tagen? Der Angriff auf die vollständige Richtigkeit der Bibel kommt nicht von Freidenkern, sondern von wiedergeborenen Gläubigen, die sich selbst als Evangelikale bezeichnen und dennoch nicht der Irrtumslosigkeit der Heiligen Schrift vertrauen. Ganz gewiß - der Dominostein der Glaubwürdigkeit wankt. In den Augen mancher ist er bereits gefallen.

Was ist mit den anderen Dominosteinen? Sind weitere Lehren beeinflußt? Der Bibel zu vertrauen setzt voraus, daß dieses Vertrauen eine Position erster Priorität in jemandes Lehrgebäude einnimmt. Wenn die Heilige Schrift tatsächlich ihre eigene Irrtumslosigkeit lehrt, dann bedeutet die Verleugnung dieser Lehre, dem Wort Gottes nicht zu glauben. Können wir der Bibel in einer historischen Frage, die keine der zentralen Lehren zu berühren scheint, nicht vertrauen? Wie können wir dann sicher sein, daß sie unser Vertrauen in einer solchen historischen Frage verdient wie etwa der von dem leeren Grab, die doch fraglos eine der wichtigsten Lehren des Christentums stützt? Wie kann jemand den Dominostein der Irrtumslosigkeit der Heiligen Schrift fallen lassen und dabei sicher sein, daß dieser nicht einige weitere Lehren bei seinem Fall mitreißen wird?

**Kapitel 2**

# So viele Worte

Es bedarf heutzutage vieler Worte, jemandes Glaube an die Inspiration der Heiligen Schrift eindeutig darzustellen. Das war nicht immer so. Früher genügte es zu sagen: „Ich glaube an die Inspiration der Bibel." Das erklärte alles. Jeder verstand, was diese Worte bedeuten sollten: Die Bibel kommt von Gott, sie ist völlig exakt und in allem zuverlässig, und deshalb ist sie maßgebend.

*Verbalinspiration oder wörtliche Inspiration*

Später wurde es nötig hinzuzufügen: „Ich glaube an die Verbalinspiration, die wörtliche Inspiration der Bibel." Das Wort „wörtlich" hob die Tatsache hervor, daß die einzelnen Worte der Bibel von Gott in ihrer Gesamtheit inspiriert waren, und nicht nur ihre Gedanken, wie manche sagen. Wenn nur die Gedanken inspiriert sind, so sagen sie, dann kann es eine erhebliche Freiheit in der Auswahl der Worte geben, die diese Gedanken ausdrücken. Folgerichtig faßten sie zusammen: „Man kann nicht von einer Inspiration der einzelnen Worte des Bibeltextes sprechen." Jene aber, die an der völligen Inspiration sowohl der Worte als auch der Gedanken festhielten, bestanden

10

darauf, daß Gott die Schreiber der Bibel bei der Wahl der Worte geführt haben mußte, da die Heilige Schrift sonst wohl kaum inspiriert sein könne. Infolgedessen erschien nun der Ausdruck „Verbalinspiration" oder „wörtliche Inspiration" notwendig.

*Wörtliche, vollständige Inspiration*

Manche versuchten, den Glauben an die Inspiration der Heiligen Schrift durch die Behauptung zu untergraben, daß Worte zwar inspiriert sein könnten, daß aber nicht alle Worte der Bibel inspiriert seien. Sie lehnten den Anspruch der Heiligen Schrift rundweg ab zu sagen, daß alle ihre Worte von Gott inspiriert seien. So mußte von nun an jeder, der die wörtliche Inspiration der Bibel bezeugen wollte, hinzufügen: „Ich glaube an die wörtliche, vollständige (vollkommene, völlige) Inspiration der Heiligen Schrift. Dieser Zusatz stellte sicher, daß kein Teil der Bibel ausgelassen sein würde.

*Wörtliche, vollständige, unfehlbare Inspiration*

Mit der Zeit wurde ein weiterer Angriff auf die vollständige Inspiration der Bibel unternommen. Es wurde bestritten, daß die Heilige Schrift, obwohl von Gott inspiriert, unfehlbar sei. So wurde es nötig zu sagen: „Ich glaube an die wörtliche, vollständige, unfehlbare Inspiration der Bibel". Damit bezeugte man, daß die Worte der Heiligen Schrift exakt jene

**11**

waren, die Gott im biblischen Text stehen haben wollte, und daß deshalb jedes einzelne Wort gleichermaßen maßgebend war.

### Wörtliche, vollständige, unfehlbare, irrtumsfreie Inspiration

Nichtsdestoweniger konnten nun einige den Gedanken nicht akzeptieren, daß die einzelnen Worte der Heiligen Schrift exakt jene seien, die Gott beabsichtigte. Sie mochten aber auch die Autorität der Bibel nicht ganz preisgeben. So wurden Modelle entwickelt, die Textfehler zulassen sollten, während man dennoch an der „Unfehlbarkeit" der biblischen Botschaft festhielt. Um diesen entgegenzutreten, wurde es nunmehr notwendig zu sagen: „Ich glaube an die wörtliche, vollständige, unfehlbare und irrtumsfreie Inspiration der Bibel." Die Hinzufügung des Wortes „irrtumsfrei" zielte auf die notwendige Beziehung zwischen der Genauigkeit der Worte und der Autorität der Botschaft.

### Wörtliche, vollständige, unfehlbare, irrtumsfreie, unbegrenzte Inspiration

In unseren Tagen wird ein weiterer Versuch unternommen, den Glauben an die völlige Inspiration der Heiligen Schrift zu untergraben. Diese neue Lehre bejaht zwar das Vertrauen in die Irrtumslosigkeit der Bibel, aber sie begrenzt ihr Ausmaß. Die Bibel, so sagt man, „ist nicht irrtumsfrei, sobald sie von Wissenschaft, Geschichte oder Abstammung etc. spricht". Mit anderen Worten: Sie besitzt nur „begrenzte Irrtumslosigkeit".

Wieso eigentlich „begrenzte Irrtumslosigkeit"? Warum nicht „begrenzte Irrtumsfähigkeit"? Wenn die Bibel in ihrer Irrtumslosigkeit eingeschränkt ist, dann ist sie offensichtlich irrtumsfähig, wenn auch nicht in ihrer Ganzheit. Begrenzte Irrtumslosigkeit und begrenzte Irrtumsfähigkeit laufen also auf das gleiche Ergebnis hinaus. Warum aber mögen die Befürworter einer „begrenzten Irrtumslosigkeit" nicht das gleichwertige Etikett „begrenzte Irrtumsfähigkeit" benutzen? Man kann keine sichere Antwort geben, aber es ist kaum zu bestreiten, daß „begrenzte Irrtumslosigkeit" ein angenehmeres Etikett ist als eines, das „Irrtumsfähigkeit" ungeschönt ausweist. Welcher Evangelikale würde nicht vermeiden wollen, sich mit dem Etikett zu behängen, er glaube an eine irrtumsfähige Bibel? Von „begrenzter Irrtumslosigkeit" zu reden, erscheint doch viel respektabler. Es ist aber auch unehrlicher! Beabsichtigt oder nicht - das Wortspiel deckt eine gefährliche, irreführende Sichtweise auf. Wir müssen „begrenzte Irrtumslosigkeit" als das bloßstellen, was sie ist. Wenn es Teile der Heiligen Schrift gibt, die nicht irrtumsfrei sind, dann sind diese Teile irrtumsfähig. Das ist eine unumgängliche Schlußfolgerung.

Um unzweideutig den Glauben an die völlige Inspiration der Heiligen Schrift zu bezeugen, ist es daher heute notwendig geworden zu sagen: „Ich glaube an die wörtliche, vollständige, unfehlbare, unbegrenzte Irrtumslosigkeit der Bibel."

Ist die Frage der Irrtumslosigkeit wirklich so wichtig? Viele sagen nein, aber andere bestehen darauf, daß Irrtumslosigkeit eine entscheidende Lehre ist. Manche versuchen, einen Keil zwischen die einzelnen Aspekte der völligen Zustimmung zur wörtlichen, vollständigen, unfehlbaren und unbegrenzten Irrtumslosigkeit zu treiben. Andere bestehen darauf, daß diese ganze Aussage der Irrtumslosigkeit entweder steht oder fällt. Ist dies eine zentrale Frage oder nicht? Um sie zu beantworten, müssen wir einige der Vorwände untersuchen, unter denen eine die Irrtumslosigkeit einschließende Lehre von der Inspiration der Heiligen Schrift zurückgewiesen wird.

14

# Kapitel 3

# Einige Vorwände

Manche sagen, Irrtumslosigkeit der Heiligen Schrift sei entweder unwichtig, belanglos oder unnötig für den Glauben. Deshalb sei der ganze Wirbel, der um dieses Thema gemacht werde, nur ein „Sturm im Wasserglas". Wer auf der Irrtumslosigkeit der Bibel bestehe, störe den Frieden der Gemeinde.

Aber das ist einfach nicht so. Irrtumslosigkeit ist eine entscheidende Streitfrage. Denn wenn die Heilige Schrift nicht in ihrer Ganzheit irrtumsfrei ist, dann muß es mindestens einen Fehler in ihr geben. Wenn wir uns nun alle darüber einig werden könnten, wo dieser eine Fehler ist, dann wäre es vorstellbar, dieses Problem zu tolerieren. Wenn wir jedoch in dieser Frage die aktuelle Literatur zur Richtschnur nehmen, dann haben wir mindestens zwanzig Kandidaten für diesen „Fehler" - das bedeutet, daß es nicht weniger als zwanzig Fehler gäbe. Und wenn es nicht weniger als zwanzig Fehler gibt, dann erhebt sich die Frage: Wie kann ich der Bibel überhaupt noch vertrauen? Die Frage der Irrtumslosigkeit ist also kein „Sturm im Wasserglas".

Für gewöhnlich werden verschiedene Rechtfertigungen für den Schluß angeboten, daß Irrtumslosigkeit der Heiligen Schrift eine für den Glauben unwesentliche Lehre sei.

*Oft treffen jene, die die Irrtumslosigkeit der Bibel ablehnen oder ihre Bedeutung verringern möchten, die Feststellung: „Insofern die Bibel nicht klar ihre eigene Irrtumslosigkeit lehrt, können auch wir es nicht tun."* Wer auf der Wichtigkeit der biblischen Irrtumslosigkeit besteht, wird durch diese Darstellung in die Position von jemand gerückt, der mehr fordert, als es die Bibel tut. Darüber hinaus wird geltend gemacht, daß Irrtumslosigkeit der Heiligen Schrift keine Doktrin sei, die sie selbst über sich lehre.

Wenn diese Behauptung wahr sein soll, müssen wir jedoch (a) zeigen können, daß die Bibel ihre eigene Irrtumslosigkeit nicht eindeutig lehrt und daß wir, wenn das (b) hinsichtlich der vorauszusetzenden Prüftexte zutrifft, nicht aufgrund einer induktiven Studie der vorhandenen Beweismittel ihre Irrtumslosigkeit geltend machen können. Diese Erfordernisse wollen wir untersuchen.

Lehrt die Bibel eindeutig ihre eigene Irrtumslosigkeit? Die Antwort auf diese Frage hängt davon ab, was mit „eindeutig" gemeint sein soll. Wenn jemand diesen Begriff nur für Textstellen gelten lassen will, wie sie die Heilige Schrift etwa für stellvertretende Sühne bereithält (beispielsweise Matthäus 20,28), dann gibt es zugestandenermaßen nicht diesen Typ von „eindeutiger" Lehre betreffs der Irrtumslosigkeit. Aber viele Lehren, für die es keinen eindeutigen Textbeweis gibt, werden von Evangelikalen als klare, eindeutige Lehren der Heiligen Schrift anerkannt. Das beste Beispiel hierfür liefert die Lehre von der Dreifaltigkeit. Man muß ehrlicherweise zugeben, daß die Bibel nicht eindeutig das Dogma von der Dreifaltigkeit lehrt, wenn mit Eindeutigkeit gemeint ist, daß es Textbeweise für dieses Dogma gibt. In der Tat gibt es nicht einen einzigen Textbeweis, wenn wir mit diesem Begriff einen Vers oder eine Passage meinen, deren Wortlaut erklärt: Es gibt einen Gott, der in drei Personen gleichzeitig existiert.

Wie kommen wir dann zu einer Lehre von der Dreifaltigkeit? Einfach, indem wir zwei Beweislinien in der Heiligen Schrift anerkennen: (1) klare Aussagen, die lehren, es gibt nur einen Gott; und (2) ebenso klare Aussagen darüber, daß es jemand namens Jesus gab und noch jemand, der als Heiliger Geist bezeichnet wird, die beide zusätzlich zu Gott, dem Vater, für sich beanspruchen, Gott zu sein. Solches Beweismaterial läßt nur eine von zwei Schlußfolgerungen zu: Entweder Jesus und der Heilige Geist sind nicht göttlich, oder Gott existiert als eine Dreieinigkeit. Rechtgläubige Christen sind nie vor der zweiten Schlußfolgerung zurückgeschreckt, obwohl ihre Grundlage auf einer anderen Art Klarheit beruht, als sie ein Textbeweis liefert.

Oder, um ein anderes Beispiel heranzuziehen: Viele leugnen, daß Jesus Gott ist, weil es - so sagen sie - keinen eindeutigen Beweis dafür gebe, er habe jemals für sich selbst beansprucht, göttlich zu sein.

17

Robert Alley von der Universität in Richmond verursachte einen Tumult unter den „Südlichen Baptisten" (Anm. d. Ü.: eine Kirche in den USA), als er behauptete, Jesus „forderte niemals wirklich, selbst Gott oder mit ihm verwandt zu sein" (*Some Theologians Question Factual Truth of Gospels*, Richmond News Leader, 17. Juli 1978, S. 1). Obwohl ihm in der Bibel das gleiche Beweismaterial zur Verfügung stand wie jenen, die vertreten, daß Jesus den Anspruch erhob, Gott zu sein, gelangte er zu einer völlig anderen Schlußfolgerung. Die gewöhnlich von Evangelikalen herangezogenen „Textbeweise" lehrten seiner Ansicht nach nicht die Gottheit Christi. Derartige Häresie empört aufrichtige Christen, und das mit Recht.

Obwohl ich bislang die Beweismittel zur eindeutigen Lehre der Heiligen Schrift über ihre eigene Irrtumslosigkeit noch nicht dargelegt habe, wollen wir einmal für einen Augenblick annehmen, die Lehre sei eindeutig, wenn auch nicht notwendigerweise durch Textbeweise belegt. Wenn es so wäre - würden dann die Verfechter biblischer Irrtumsfähigkeit von der Heiligen Schrift für den Beweis der Irrtumslosigkeit ein höheres Maß an Eindeutigkeit verlangen als für den Beweis der Gottheit Christi oder der Trinität? Mit anderen Worten: Legen sie nicht unterschiedliche Maßstäbe an für den Beweis der Lehre von der Dreifaltigkeit und für die Lehre von der Irrtumslosigkeit der Heiligen Schrift?

Diese Beispiele machen den vorliegenden Trug-schluß deutlich: Es ist nämlich falsch anzunehmen, wir könnten nicht die Ergebnisse einer induktiven Studie lehren oder aus dem vorhandenen Beweis-material keine logischen Schlußfolgerungen ziehen, wenn es dafür in der Bibel keine „Beweistexte" gebe. Wenn das so wäre, sähe ich mich außerstande, über die Dreifaltigkeit zu lehren, über die Gottheit Christi oder des Heiligen Geistes oder auch nur über Formen der Gemeindeleitung.

Oft höre ich Leute sagen: „Ich werde nur so weit gehen, wie es die Bibel tut." Das kann ein guter Maßstab sein, denn wir wollen ja dem, was die Bibel lehrt, nichts hinzufügen. Andererseits aber wollen wir auch nichts, was sie lehrt, davon wegnehmen - ganz gleich, ob sie es durch eindeutige Textbeweise, ein-deutige Deduktion (Ableitung eines Einzelfalls vom Allgemeinen), eindeutige Induktion (Schließen vom Einzelfall auf das Allgemeine), eindeutige Folgerung, eindeutige Logik oder eindeutige Grundsätze tut. Der Anspruch, nicht über das hinausgehen zu wollen, was die Bibel lehrt, ist oft lediglich ein Vorwand - man mag sich nicht mit den Verflechtungen dessen auseinandersetzen, was sie lehrt. Und ich fürchte, für manchen liefert er die Rechtfertigung, dem, was die Heilige Schrift über ihre eigene Irrtumslosigkeit sagt, nicht ins Auge sehen zu müssen.

*Ein zweiter Vorwand für die Verwässerung der Lehre von der Irrtumslosigkeit der Heiligen Schrift: Da wir keinerlei Originalhandschrift der*

*Bibel besitzen und da Irrtumslosigkeit sich nur auf jene Originale bezieht, ist die Lehre von der biblischen Irrtumslosigkeit nur theoretisch und deshalb unwesentlich.* Es ist wahr, wir besitzen keine Originalhandschrift der Bibel, und die Lehre von ihrer Irrtumslosigkeit wie auch die von ihrer Inspiration ist ausschließlich auf die Originalhandschriften bezogen, nicht aber auf irgendeine der Kopien. Die beiden Prämissen in dieser Aussage sind richtig, aber sie beweisen natürlich überhaupt nicht, daß Irrtumslosigkeit eine unwesentliche Lehre sei.

Offenbar kann Irrtumslosigkeit nur mit Bezug auf die Originalhandschriften der Heiligen Schrift behauptet werden, weil nur sie die ursprüngliche Aufzeichnung dessen sind, was - von Gott inspiriert - direkt von ihm kam. Die allererste Kopie eines Paulusbriefes zum Beispiel war eben in Wirklichkeit nur noch eine Kopie und nicht das Original, das Paulus selbst schrieb oder diktierte. Beides - sowohl Inspiration wie auch Irrtumslosigkeit werden nur für das Original in Anspruch genommen. Aber - würde ein Verfechter einer irrtumsfähigen Bibel beanspruchen, daß die Lehre von der Inspiration der Schrift eine unwesentliche Lehre sei, weil sich die Originale nicht in unserem Besitz befinden? Und würde er den Kopien die Tatsache, inspiriert zu sein, verweigern? Ich denke nicht. Warum tut er es dann in bezug auf die biblische Irrtumslosigkeit?

*Ein weiteres Argument lautet, Irrtumslosigkeit sei eine neue Lehre, mit der sich die Gemeinde früher nicht beschäftigt habe.* Deshalb brauchten wir uns heute auch nicht so sehr damit zu beschäftigen.

Das Argument der Kirchengeschichte scheint jedesmal dann sein Haupt zu erheben, wenn irgendeine biblische Lehre ins Kreuzfeuer der Diskussion gerät. Wenn diese Lehre in vergangenen Zeiten gelehrt wurde, macht sie das angeblich zuverlässiger. Wurde sie andererseits bis vor wenigen Jahren nicht gelehrt, erscheint sie zweifelhaft.

Natürlich ist dieses Argument in sich selbst falsch. Die Wahrheit oder Unwahrheit irgendeiner Lehre hängt nicht davon ab, ob sie im bisherigen Verlauf der Kirchengeschichte jemals gelehrt wurde oder nicht. Ihre Wahrheit gründet sich ausschließlich darauf, ob sie in der Bibel gelehrt wird oder nicht. Nun, zugestanden, eine Lehre, von der niemand jemals zuvor etwas gehört hat, könnte zweifelhaft sein. Es ist aber die Heilige Schrift und nicht die Kirchengeschichte der Maßstab, an dem alle Lehre gemessen werden muß.

Nichtsdestoweniger besteht der Geschichtsvorwand gegen die Lehre von der Irrtumslosigkeit der Bibel hartnäckig weiter. Man sagt, sie sei neu. Deshalb solle man damit aufhören, sie zu diskutieren.

Manche sagen, die Lehre von der Irrtumslosigkeit sei durch B. B. Warfield in Princeton gegen Ende des vergangenen Jahrhunderts aufgekommen. Andere behaupten, Frances Turretin, ein lutheranischer Theologe, habe sie unmittelbar nach der Reformation aufgebracht.

21

In Wirklichkeit unternahm niemand irgend etwas dergleichen. Wir glauben vielmehr, daß Christus selbst die Irrtumslosigkeit der Heiligen Schrift ebenso lehrte wie der Apostel Paulus. Auch Augustinus, Thomas von Aquin, die Reformatoren und andere große Gottesmänner verfochten sie durch die ganze Kirchengeschichte hindurch. Zugegeben - solche Belege aus der Geschichte bestätigen nicht die Lehre (wie die Worte Christi und des Paulus es tun, was wir an späterer Stelle untersuchen werden), aber sie entkräften die Behauptung, daß die Lehre von der Irrtumslosigkeit eine neue Erfindung sei.

Augustinus (354-430) zum Beispiel stellte klar folgendes fest:

„Unser Glaube, daß in den heiligen Büchern irgend etwas Falsches gefunden wird - das heißt, daß die mit der Niederschrift beauftragten Menschen, durch die wir sie empfangen haben, in diese Bücher etwas Falsches hineinschrieben -, muß katastrophalste Konsequenzen haben. Wenn man einmal in einer so hochheiligen Autorität eine Aussage als falsch gelten läßt, so wird nicht ein einziger Satz jener Bücher bestehen bleiben, der irgend jemand schwer in die Praxis umzusetzen oder schwer zu glauben erscheint. Er wird unweigerlich in der gleichen verhängnisvollen Weise als Aussage hinwegerklärt werden, in die der Autor vorsätzlich hineinschrieb, was nicht wahr ist" (*Epistula*, S. 28).

Hier wird in altertümlichen Begriffen die dieser Untersuchung vorangestellte Domino-Theorie schon früher dargestellt.

Auch Thomas von Aquin (1224-1274) sagte es in einfachen Worten: „Dem wörtlichen Sinn der Bibel kann nichts Falsches unterliegen" (*Summa Theologica 1.* 1,10, ad. 3). Und Luther erklärte: „Ich habe gelernt, diese Ehre - z. B. Irrtumslosigkeit - ausschließlich Büchern beizumessen, die als kanonisch bezeichnet werden, so daß ich getrost glaube, daß nicht einer ihrer Autoren irrte" (M. Reu: *Luther and the Scriptures*, S. 24). Und weiter: „Die Bibel hat niemals geirrt" (*Works of Luther*, XV, 1481). John Wesley, der Gründer des Methodismus, schrieb: „Nein, wenn es irgendwelche Fehler in der Bibel gibt, da können es auch gut tausend sein. Wenn es in diesem Buch eine einzige Unwahrheit gibt, dann kam es nicht von dem Gott der Wahrheit" (*Journal* VI, 117).

Wie kann irgend jemand angesichts dessen sagen, Irrtumslosigkeit der Heiligen Schrift sei eine neue Erfindung? Aber selbst wenn es so wäre: Es könnte immer noch eine wahre Lehre sein.

Nur die Bibel, nicht die Geschichte, kann es uns lehren.

**Kapitel 4**

# Was bedeutet Irrtumslosigkeit?

Deutliche Definitionen von Irrtumslosigkeit sind nicht sehr zahlreich! Viele Verfechter einer des Irrtums fähigen Bibel stellen Unfehlbarkeit mit Irrtumslosigkeit gleich und begrenzen danach ihren Umfang auf Angelegenheiten des Glaubens und seiner Umsetzung in die Praxis sowie auf Offenbarungen und auf die Botschaft der Erlösung.

„Die Bibel ist unfehlbar, wie ich den Ausdruck definiere, aber nicht frei von Irrtümern. Das heißt, es gibt historische und wissenschaftliche Fehler in der Bibel, aber in Angelegenheiten des Glaubens und seiner Ausübung habe ich keine gefunden" (Stephen T. Davis: *The Debate about the Bibel*, Philadelphia, Westminster 1977, S. 115). Wenigstens ist dies eine ehrliche Unterscheidung von Unfehlbarkeit und Irrtumslosigkeit.

Die Lausanner Erklärung bescheinigte der Bibel, sie sei „frei von Irrtümern in allem, was sie bejaht". Dieser Ausdruck hat Raum für breite Flexibilität, er kann Fehler berücksichtigen in Bereichen wie dem der Schöpfung, wo die Bibel gemäß einiger Interpreten historische Tatsachen nicht bejaht. Sowohl Verfechter der biblischen Irrtumslosigkeit wie auch die ihrer Irrtumsfähigkeit könnten diese Aussage unterschreiben.

24

Der Internationale Rat für biblische Irrtumslosigkeit bescheinigte in seiner Chicagoer Denk-
schrift der Heiligen Schrift völlige Irrtumslosigkeit in
der kurzen Aussage: „Die Bibel ist ohne Fehler oder
Versehen in aller ihrer Lehre." Dann folgten neun-
zehn Artikel, die ihre Irrtumslosigkeit weiter beschrei-
ben und erläutern.

Diese kurze Aussage dürfte - anders als die Lausanner Vereinbarung - für Leugner biblischer Irrtumslosigkeit unbefriedigend sein. Wenn es darüber auch
noch irgendeinen Zweifel gäbe, so würde doch ganz
gewiß der Neunzehn-Punkte-Katalog deren Zustimmung ausschließen.

Das Wörterbuch definiert Irrtumslosigkeit als
„ohne jeden Irrtum oder Fehler". Die meisten Definitionen für Irrtumslosigkeit teilen diese negierende
Beschreibung. Die von dieser Definition aufgeworfe-
ne Frage lautet: Was ist ein Fehler oder Irrtum?
Kann die Bibel Näherungen benutzen und dennoch
ohne Fehler sein? Kann ein Schreiber im Neuen
Testament frei aus dem Alten Testament zitieren und
dennoch den Anspruch erheben, daß sein Zitat ohne
Fehler ist? Kann ein biblischer Schreiber Dinge in
der Sprache des Anscheins wiedergeben, ohne auf
diese Weise Fehler mitzuteilen? Kann es sich unter-
scheidende Berichte des gleichen Ereignisses geben,
ohne daß dabei Irrtümer auftreten?

Zugegeben - die Angaben der Heiligen Schrift enthalten oft Annäherungen, freie Zitate, Sprache des
Anscheins, unterschiedliche Berichte des gleichen

Ereignisses. Können diese Einzelheiten eine Definition stützen, die Irrtumslosigkeit als „ohne Fehler" beziehungsweise „ohne Irrtum" darstellt? Offenbar müssen Texte und Definition miteinander harmonieren, wenn die Definition dafür, was die Heilige Schrift über ihre eigene Irrtumslosigkeit lehrt, korrekt ist.

Vielleicht könnten wir die Spannung abbauen, indem wir Irrtumslosigkeit positiv definieren: Die Irrtumslosigkeit der Bibel bedeutet einfach, daß die Heilige Schrift die Wahrheit wiedergibt. Wahrheit kann Annäherungen, freie Zitate und die Sprache des Anscheins ebenso einbeziehen wie unterschiedliche Berichte von Ereignissen, solange sie sich nicht gegenseitig widersprechen. Wenn man mir zum Beispiel berichten würde, ein gemeinsamer Freund habe im vergangenen Jahr ein Hunderttausend-Dollar-Einkommen gehabt, dann könnte ich ja fragen (besonders dann, wenn ich ihn niemals im Verdacht gehabt hätte, ein reicher Mann zu sein): „Sagen Sie mir die Wahrheit?" Sobald man mir mit „Ja" antwortete, wäre dies auch dann eine richtige, irrtumslose Antwort, wenn seine Angaben für das Finanzamt einen Betrag von 100.537 Dollar ausweisen. Die Annäherung würde die Wahrheit ausdrücken.

Oder wenn ich behaupten würde: „Der Sonnenaufgang über dem Grand Canyon ist eine der spektakulärsten Sehenswürdigkeiten, die ich jemals erlebt habe", und die Rückfrage wäre: „Tatsächlich, ist das wirklich so?", dann würde meine Aussage „Ja, das ist wahr" in der Sprache des Anscheins die Wahrheit sagen, obgleich die Sonne natürlich nicht buchstäblich über dem Grand Canyon aufsteigt.

Sagt die Bibel: „Du sollst nicht lügen!"? Jawohl, sie sagt: „Du sollst nicht lügen." Ist das eine wahre Behauptung? Selbstverständlich, obgleich es ebenso wahr (aber nicht wahrer) ist zu behaupten, daß die Bibel sagt: „Belügt einander nicht!" Dennoch sagt das freie Zitat die Wahrheit.

Noch ein anderes Beispiel: Meine Frau erzählte mir, daß sie sich die Wachablösung vor dem Londoner Buckingham-Palast angeschaut hat. Dabei sei ein Soldat ohnmächtig geworden und zu Boden gefallen. Die Zeitung jedoch berichtete, daß an eben diesem Tag *drei* Männer der Wache ohnmächtig geworden seien. Auch das war ein wahrer Bericht. Hätte meine Frau gesagt, es sei *nur* ein Mann ohnmächtig geworden, wäre ihr Bericht falsch gewesen. In der Tat waren es drei Männer, aber sie konzentrierte sich ausschließlich auf den Vorfall, der sich direkt in ihrer Nähe ereignete. Sie könnte sogar die beiden anderen bemerkt haben, die unter ihren dicken, warmen Bärenfellmützen ebenfalls ohnmächtig wurden, aber darüber berichtete sie einfach nicht. Nichtsdestoweniger war ihre Aussage wahr.

Wenn 1. Korinther 10,8 sagt, 23.000 starben an einem Tag, und 4. Mose 25,9 berichtet über 24.000, fügt aber nicht die Einschränkung „an einem Tag" hinzu, so verstehen wir beide Angaben als solche, die die Wahrheit wiedergeben (und wahrscheinlich sind beide Zahlen Annäherungen an die Zahl derer, die an einem Tag starben und an die der zusätzlichen späteren Todesfälle).

Wenn ein Schreiber des Neuen Testaments frei aus dem Alten Testament zitiert, so wird das freie Zitat, weil er ja unter der Inspiration des Geistes schrieb, zu einem Teil des inspirierten, irrtumslosen Textes. Der Heilige Geist, Autor des Alten und des Neuen Testaments, hat gewiß das Recht, sich selbst so zu zitieren, wie er es wünscht, und den benutzten Zitaten Bedeutungen zu unterlegen, die wir als nicht inspirierte Ausleger niemals erkannt hätten.

Der Gebrauch der Sprache des Anscheins ist eine alltägliche Form, sich anderen mitzuteilen. Manches Mal wird auf diese Weise ein Gedanke sogar klarer dargestellt, als es wissenschaftlich präzise Ausdrucksweise vermag.

Markus und Lukas sprechen nur von einem blinden Mann, dem bei Jericho das Augenlicht geschenkt wird. Matthäus aber berichtet von zweien. Beide Berichte sind wahr, solange Markus und Lukas nicht die Behauptung aufstellen, es sei *nur* ein Mann gewesen.

Die meisten Diskussionen über Wahrheit und Irrtum geraten aus dem Geleise, sobald sie philosophisch werden und nicht mehr auf dem Boden der Tatsachen bleiben. Die meisten Leute verstehen klar und leicht, daß die Annäherungen usw. die Wahrheit zum Ausdruck bringen. Die Bibel ist ohne jeden Irrtum in der Wiedergabe ihrer Wahrheit, und sie tut es ohne jeden Fehler in allen ihren einzelnen Teilen und mit allen ihren Worten.

Wenn es nicht so wäre, wie könnte dann der Herr behaupten, der Mensch lebe von *jedem* Wort, das aus dem Mund Gottes ausgeht (Matthäus 4,4) - besonders, wenn alle Schrift von Gott gehaucht oder ausgeatmet ist (2. Timotheus 3,16)?

**Kapitel 5**

# Irrtumslosigkeit und die Person Gottes

Obwohl diese Stelle meistens mit der Lehre von der Inspiration in Verbindung gebracht wird, sagt 2. Timotheus 3,16 doch auch etwas Wichtiges über Irrtumslosigkeit aus. Der Grund hierfür sollte offensichtlich sein: Inspiration und Irrtumslosigkeit stehen in einer Wechselbeziehung zueinander.

Inspiration ringt mit der Frage: Wie gab uns Gott die Bibel? Hat er sie Menschen diktiert? Wenn das so ist, dann wäre ein korrektes Verständnis von Inspiration die Aussage, daß Gott uns die Bibel gab, indem er sie diktierte. Das ist der Blickwinkel, den viele Liberale den Evangelikalen unterstellen, und einige von diesen halten daran fest (wenn sie auch verneinen, daß es ein mechanisches Diktat gewesen sei). „Gott ließ Männer aufstehen, bereitete sie vor und bildete ihren Wortschatz aus, und Gott diktierte die Worte, die sie in den Schriften niederlegen sollten (John R. Rice, *The Sword of the Lord*, 10. Januar 1975, S. 14). Wie auch immer, die meisten, die an der Irrtumslosigkeit festhalten, verneinen das Diktat. Sie gehen davon aus, daß Gott jene menschlichen Autoren führte und beaufsichtigte, seine Botschaft aufzuzeichnen, ohne sie zu diktieren.

30

Oder am anderen Ende der Skala: Tat Gott nichts weiter Besonderes, als der Welt Männer von großem Genius zu geben, die die Heiligen Schriften geradeso verfaßten, wie andere große Genies große Bücher schrieben? Dieser Blickwinkel trägt das Etikett „natürliche Inspiration". „Aber die Grenzlinie zwischen ihr und anderen religiösen Schriften ... ist nicht scharf und endgültig genug, um einen qualitativen Unterschied zwischen allen anderen Schriften und jedem Teil der kanonischen Bücher aufzurichten" (Cecil J. Cadoux, *A Pilgrim's Further Progress*, London, Religious Book Club,1945, S. 11).

Oder eine eher „christliche" als natürliche Inspiration kennzeichnet die Sichtweise, daß die Schreiber der Bibel in der gleichen Weise geisterfüllt waren, wie die heutigen Gläubigen geisterfüllt sein und gute Bücher schreiben können. Wenn uns Gott die Heilige Schrift auf diese Weise gegeben hat, so war es eher mystisch als natürlich, auf jeden Fall aber nicht durch Diktat.

„Daß die Bücher der Bibel inspiriert sind, setzt nicht voraus, daß sie auf eine Art erzeugt oder geschrieben wurden, die sich grundsätzlich vom Zustandekommen anderer großer christlicher Bücher unterscheidet. Es gibt eine große Auswahl christlicher Literatur vom zweiten bis zum zwanzigsten Jahrhundert. Sie darf sicherlich beschrieben werden als in dem gleichen formellen Sinn vom Heiligen Geist inspiriert wie auch die Bücher der Bibel" (Alan Richardson, *Christian Apologetics*, New York, Harper 1948, S. 207).

Weit verbreitet ist heute die Vorstellung, daß Inspiration nicht so sehr die Eigenart der Heiligen Schrift betrifft als vielmehr den Augenblick lebendiger Offenbarung, in dem biblisches Wort dem individuellen Leser zur Wahrheit wird. Im Rahmen solcher Begrifflichkeit braucht die Bibel selbstverständlich nicht irrtumsfrei zu sein. Gemäß dieser Vorstellung liegt die Wahrheit nicht in den Aussagen oder Verheißungen der Heiligen Schrift, sondern in der subjektiven Begegnung mit den dort berichteten Aktivitäten Gottes; und dies häufig irrtumsfähig und auch unhistorisch. „Es muß weiter beachtet werden ..., daß Gottes Selbstoffenbarung in der Bibel eher persönlich als planvoll ist. Das heißt, im Grunde findet Offenbarung eher in Beziehung, Gegenüberstellung und Gemeinschaft statt als durch die Übermittlung von Tatsachen" (C. F. D. Moule, *Revelation, in The Interpreter's Dictionary of the Bible*, Nashville, Abingdon 1962; 4, 55).

Eine solche Einstellung kommt der neo-orthodoxen Sicht der Bibel nahe, die diese nicht als die Offenbarung selbst betrachtet, sondern als einen Zeiger oder Zeugen für Offenbarung. Inspiration, so schrieb Barth, ist der „Akt der Offenbarung, durch den die Propheten und Apostel in ihrer Menschlichkeit wurden, was sie waren, und durch den allein sie in ihrer Menschlichkeit für uns ebenso werden können, was sie sind" (*Church Dogmatics*, 1; 2, 563). Diese Sicht schlägt vor, daß der Zeuge, die Bibel, des Irrtums fähig sei und folglich häufig unzuverlässig. Was sie lehrt, sei aber dennoch Wahrheit!

Nicht ganz so krass ist die heute oft anzutreffende Vorstellung, die Bibel sei nur in solchen Teilen irrtumsfähig, die nicht wirklich von Bedeutung seien, soweit das Seelenheil des einzelnen betroffen ist. Sie lehrt, daß es Gottes Ziel gewesen sei, dem Menschen die Offenbarung Gottes in seiner erlösenden Liebe in Christus zu geben. In der Erfüllung dieses Zieles habe Gott darauf geachtet, daß wir einen unfehlbaren Bericht erhielten. Andere Bereiche biblischer Offenbarung wie Schöpfung, Geschichte oder Geographie, die nicht unmittelbar unser Seelenheil betreffen, könnten Fehler enthalten. Dieser Standpunkt wird manchmal als partielle Inspiration bezeichnet.

All diese Ansichten von Inspiration, ausgenommen das Diktat, sagen, daß Gott uns die Bibel mit Fehlern gegeben habe. Inspiration antwortet auf die Frage: Wie gab er uns die Bibel? Irrtumslosigkeit antwortet auf die Frage: Gab er sie mit oder ohne Irrtümer? Offenbar schließt die Betrachtungsweise des jeweils einen automatisch eine Antwort auf beide Fragen ein. So sind Inspiration und Irrtumslosigkeit unzertrennlich miteinander verknüpft, und niemand kann einen Standpunkt gegenüber der Inspiration vertreten, der nicht gleichzeitig einen Standpunkt gegenüber der Irrtumslosigkeit einschließt.

Aber blicken wir zurück auf 2. Timotheus 3,16. Dieser Vers nimmt zu beiden Fragen Stellung. Im besonderen wollen wir fragen: Welche Fakten vermittelt uns dieser Vers über die Bibel?

1. *Die ganze Schrift* ist „gottgeatmet". Das hier mit „Schrift" übersetzte griechische Wort (*graphè*) steht einundfünfzigmal im Neuen Testament und verweist immer auf irgendeinen Teil der Bibel. Manchmal schließt es das ganze Alte Testament ein (Lukas 24,45; Johannes 10,35), manchmal verweist es auf einen besonderen Abschnitt des Alten Testaments (Lukas 4,21), manchmal auch auf einen einzelnen Abschnitt des Neuen Testaments (1.Timotheus 5,18) und manchmal auf einen größeren Teil des Neuen Testaments (2. Petrus 3,16).

Jene letztgenannten beiden Verse vermitteln Aussagen von großer Bedeutung. In 1. Timotheus 5,18 verknüpft Paulus eine alttestamentliche und eine neutestamentliche Bibelstelle miteinander und bezeichnet beide als „Schrift". Das Zitat aus dem Alten Testament ist 5. Mose 25,4, die neutestamentliche Referenz Lukas 10,7. Es ist nicht weiter bemerkenswert, daß ein Vers aus dem Alten Testament als Heilige Schrift zitiert wird. Die Kombination aber mit einer Textstelle des Neuen Testaments schon so bald, nachdem sie geschrieben wurde, ist überaus bedeutsam. Wahrscheinlich liegen nur fünf oder sechs Jahre zwischen Lukas' Niederschrift und dem Verfassen des zweiten Briefes an Timotheus, und dennoch zögert Paulus nicht, ein Zitat aus dem Lukasevangelium auf gleicher Ebene zu plazieren wie eines aus dem anerkannten Kanon des Alten Testaments.

34

In 2. Petrus 3,16 sagte Petrus, daß Paulus Dinge geschrieben habe, von denen einige schwer zu verstehen seien, und Dinge, die von einigen Leuten verzerrt würden wie auch andere biblische Schriften. Hier werden ebenfalls Schriften des Neuen Testaments als Heilige Schrift und damit als maßgebend bezeichnet. In dieser Hinsicht war viel mehr als ein einzelnes Zitat betroffen: Hier wurden Paulus' Schriften „Heilige Schrift" genannt.

In 2. Timotheus 3,16 muß es die Absicht des Paulus gewesen sein, das ganze Alte Testament und so viel vom Neuen Testament mit einzubeziehen, wie zu dieser Zeit bereits geschrieben war. Das bedeutet, daß 2. Petrus, Hebräer, Judas und alle Schriften des Johannes nicht in sein Verständnis von „alle Schrift" mit einbezogen waren, denn sie waren noch nicht geschrieben. Nichtsdestoweniger dürfen wir, weil jene Bücher schließlich als Teil des neuen Kanons der Bibel anerkannt wurden, sicher sagen, daß uns der Vers etwas über die vollständigen sechsundsechzig Bücher der Bibel, wie wir sie heute kennen, sagt. Kein Teil ist ausgeschlossen. Alle Schrift ist von Gott inspiriert.

Die meisten diskutieren nicht darüber, daß der Vers den ganzen Kanon einschließt. Wenn jemand den in diesem Vers einbezogenen Umfang der Schrift zu reduzieren wünscht, übersetzt er ihn so: „Alle von Gott eingegebene Schrift ist auch nützlich." Mit anderen Worten: Welche Teile der Bibel auch immer inspiriert sind, sie sind lohnend zu lesen.

Die anderen (uninspirierten) Teile aber sind es nicht. Folgerichtig ist bei solcher Übersetzung nur ein Teil der Bibel inspiriert.

Ist solch eine Übersetzung richtig?

Die Antwort lautet: Ja.

Ist solch eine Übersetzung erforderlich?

Die Antwort lautet: Nein. Gleichermaßen korrekt und vorzuziehen ist die Übersetzung: „Alle Schrift ist von Gott eingegeben und nützlich."

Beide Übersetzungen liefern das Wort „ist". Es erhebt sich die Frage, ob dieses „ist" nur einmal oder zweimal übersetzt werden muß („Alle von Gott eingegebene Schrift i s t auch nützlich", oder „Alle Schrift i s t von Gott eingegeben und [ i s t ] nützlich"). Vorzuziehen ist aus drei Gründen letztere Übersetzung: a) Wird „ist" zweimal gesetzt, können beide Eigenschaftswörter („inspirierte" und „lohnend") gleicherweise verstanden werden - als Prädikatsadjektive. Dies erscheint natürlicher. b) Das Bindewort („und" oder „auch") ist viel häufiger mit „und" übersetzt.    c) Eine ähnliche Konstruktion kommt in 1. Timotheus 4,4 vor, wo beide Eigenschaftswörter klare Prädikatsadjektive sind.

Die daraus zu ziehende Schlußfolgerung könnte nicht klarer sein: Die ganze Bibel ist inspiriert.

2. Die ganze Bibel ist „gott*geatmet*". „Gegeben durch Inspiration Gottes" ist ein einzelnes griechisches Wort: „gottgeatmet". Die Form ist passiv, was andeutet, daß die Heilige Schrift das Ergebnis des

Atmens Gottes ist. Wäre die Form im Gegensatz dazu aktiv, dann würde der Vers sagen, daß die ganze Bibel Gott atmet. Das heißt, alle Heilige Schrift strahlt Gott aus oder spricht von ihm. Natürlich strahlt die Bibel Gott aus, aber es ist klar, daß Paulus sagen wollte, daß Gott selbst die Heilige Schrift ausgeatmet hat.

Unser deutsches Lehnwort *inspirieren* beinhaltet die Vorstellung vom In-etwas-hineinatmen. Hier aber wird uns erzählt, daß Gott etwas *aus*-atmete, nämlich die Heilige Schrift. Mit anderen Worten, der Ursprung der Bibel ist Gott.

3. Die ganze Bibel ist „*gott*geatmet". Wer ist dieser Gott, der die vollständige Heilige Schrift ausatmete? Er ist, neben vielem anderen, Wahrheit. Er ist nicht nur wahrhaftig (Römer 3,4), sondern er ist die Wahrheit selbst (Johannes 14,6). Wenn er die Wahrheit und wahrhaftig ist, kann er nicht irgend etwas Falsches äußern. Dies ist ein sehr wichtiger Hinweis für die Beantwortung der zweiten Frage: Gab uns Gott die Bibel ohne Irrtum? Wie könnte ein wahrhaftiger Gott etwas anderes tun? Deswegen konnte der Herr ausdrücklich erklären, daß Gottes Wort ohne irgendeine Ausnahme Wahrheit ist (Johannes 17,17).

Versuchen wir es doch noch auf einem anderen Weg, mit einem Syllogismus. Das ist ein logisches Argument, das aus einer Hauptprämisse, einer Nebenprämisse und einer Schlußfolgerung besteht.

*Hauptprämisse:*
Gott ist wahr (Römer 3,4).

*Nebenprämisse:*
Gott atmete die Schriften aus
(2. Timotheus 3,16).

*Schlußfolgerung:*
Daher sind die Schriften wahr (Johannes 17,17).

Jedes Wörterbuch wird dies bestätigen: Wenn die Prämissen eines Syllogismus wahr sind, muß auch die Schlußfolgerung wahr sein. Wir wissen bei diesem Syllogismus, daß die Prämissen wahr sind, weil es biblische Feststellungen sind. Daher ist die Schlußfolgerung (im übrigen selbst eine biblische Feststellung) ebenso wahr. Darüber hinaus ist solch eine Schlußfolgerung nicht überraschend, da Inspiration auch etwas über Irrtumslosigkeit sagen muß. Eine gottgeatmete Heilige Schrift muß eine *wahre* Heilige Schrift sein. Gottes Inspiration fordert vollständige Genauigkeit der Produkte.

Ich fasse zusammen: 2. Timotheus 3,16 stellt drei wichtige Tatsachen über Inspiration und Irrtumslosigkeit fest: a) Die ganze Bibel ist eingeschlossen; b) die ganze Bibel ist von Gott ausgeatmet und c) die ganze Bibel ist, wie Gott selbst, ohne irgendwelche Mängel.

# Kapitel 6

# Irrtumslosigkeit und der Wille des Menschen

Kein Vers beschreibt besser, wie Gott menschliche Autoren befähigt, die fehlerfreie Heilige Schrift zu verfassen, als 2. Petrus 1,21: „Denn niemals wurde eine Weissagung durch den Willen eines Menschen hervorgebracht, sondern von Gott her redeten Menschen, getrieben vom Heiligen Geist." Hier werden wir darüber informiert, daß Gott, der Heilige Geist, menschliche Autoren in die Lage versetzte, (schreibend) Gottes Botschaft zu reden.

Was wurde uns übermittelt? Die Weissagung der Heiligen Schrift. Dies ist wahrscheinlich ein Verweis auf das ganze Alte Testament, nicht bloß auf die Passagen, die irgendwelche zeitlichen Ereignisse voraussagen. Sicherlich dürfen wir diese Stelle so verstehen, daß auch das Neue Testament darin eingeschlossen ist. Die ganze Bibel wurde uns durch das Wirken des Geistes übermittelt.

Wie wurde die Heilige Schrift übermittelt? Der Geist trieb Menschen dazu an. Was bedeutet das? Vielleicht können wir den Begriff „treiben" am besten verstehen, wenn wir auf Apostelgeschichte 27,15 und 17 Bezug nehmen, wo dieses Wort ebenfalls gebraucht wird. Das Schiff, das Paulus nach Rom tragen sollte, geriet, kurz bevor es an der maltesischen Küste zerschellte, in einen furchtbaren Sturm. Die erfahrenen Seeleute konnten es nicht mehr steuern, weil der Wind so stark war. Schließlich ließen sie es vom Wind treiben, wie auch immer er gerade blies. Wie das Schiff vom Wind getrieben, ausgerichtet und vorwärtsgebracht wurde, ist in diesen Versen beschrieben. Dabei wird das gleiche Wort verwendet wie in 1. Petrus 1,21, wo es das Treiben, Lenken und Tragen der menschlichen Autoren der Heiligen Schrift durch den Geist nach seinem Wunsch beschreibt. Das Wort ist kraftvoll, und es verweist auf die Aufmerksamkeit, die der Heilige Geist allem widmete, was die von ihm beauftragten menschlichen Autoren schrieben. Nichtsdestoweniger - ebenso wie die menschlichen Autoren aktiv damit beschäftigt waren zu schreiben, wie der Geist ihnen eingab, so waren auch die Seeleute auf dem Schiff aktiv, obgleich nicht sie, sondern der Wind dieses Schiff lenkte.

Es war auch nicht der Wille der menschlichen Autoren, der die Heilige Schrift leitete und übermittelte. Der Text ist eindeutig: Niemals geschah Weissagung durch den Willen des Menschen (hier steht das gleiche Verb wie im späteren Teil des Verses). Der Geist übermittelte das Wort, nicht der Wille des Menschen. Nicht Menschenwille - der den Willen einschließt, Fehler zu machen - brachte die Bibel hervor, sondern der Heilige Geist, der vollkommen ist

40

und die menschlichen Schreiber vorantrieb, gab uns die Heilige Schrift. Sie schrieben unter der Wirkung des Geistes; daher war, was sie schrieben, das Seine; es wurde ausgerichtet durch seinen Willen, nicht durch den ihren.

Der Heilige Geist ist der Geist der Wahrheit (Johannes 16,13). Manche Leute bejahen die Wahrhaftigkeit Gottes und leugnen dennoch die Wahrhaftigkeit der Heiligen Schrift. Sie sagen, daß Gott wahr ist und daß etwas, das von Gott kommt, ebenso wahr sein muß. Dann aber fahren sie fort: Der Grund, daß die Bibel nicht in jeder Einzelheit wahr sein könne, sei einfach, daß Gott Menschen in ihre „Produktion" mit verwickeln mußte. Und wann immer Menschen in etwas verwickelt sind, ist die Möglichkeit für Irrtümer gegeben. Seien es auch noch so wenige - es sind doch Irrtümer vorhanden, weil sündhafte Menschen zur Herstellung der Heiligen Schrift herangezogen wurden.

Mag dies auch noch so logisch klingen, es wird durch 2. Petrus 1,21 nicht bestätigt. Der menschliche Wille der Autoren war nicht Urheber oder Bote von Gottes Botschaft. Das bedeutet nicht, daß diese Autoren völlig passiv gewesen seien (wie es die Diktat-These für die Inspiration erfordern würde). Es bedeutet aber: Was auch immer der Geist bei der Inspiration war oder tat - das war und tat nicht der menschliche Wille der Autoren. Der Geist war die Quelle und die leitende Kraft, nicht der Wille der Schriftsteller. Bedeutsam ist die Wiederholung des gleichen Verbs in beiden Teilen des Verses: „Keine Weissagung wurde jemals durch den Willen des Menschen hervor*getrieben*, sondern Menschen wurden *getrieben* vom Heiligen Geiste" (Übersetzung des Autors).

Die Schlußfolgerung ist offensichtlich: Gott erlaubte es dem Willen sündhafter Menschen nicht, seine Botschaft umzudeuten, fehlzudeuten oder mit Irrtümern behaftet aufzuzeichnen.

# Kapitel 7

# Was Christi Inkarnation über Irrtumslosigkeit lehrt

D ie Logik mancher besteht nach wie vor darauf, daß überall da, wo Menschlichkeit beteiligt ist, auch die Möglichkeit der Sünde berücksichtigt werden muß. So sagt man, die Bibel sei sowohl ein göttliches als auch ein menschliches Buch, und daher seien Fehler nicht nur möglich, sondern auch wirklich vorhanden.

Wir wollen die Voraussetzungen hierfür prüfen. Ist es immer unvermeidlich, daß dort, wo Menschlichkeit beteiligt ist, auch Sünde gefunden wird?

Wer jetzt versucht ist, eine bestätigende Antwort zu geben, dem kam wahrscheinlich doch unmittelbar eine Ausnahme in den Sinn. Die Überschrift dieses Kapitels deutet schon darauf hin: Diese Ausnahme ist unser Herr Jesus Christus. Er war Gott und Mensch zugleich, und doch verwickelte ihn seine wahre Menschlichkeit nicht in Sünde. Er dient als eindeutiges Beispiel für eine Ausnahme in bezug auf die Logik, die von solchen bemüht wird, die an die Irrtumsfähigkeit der Bibel glauben.

Die Lehre vom Gott-Menschen Jesus besagt, daß er die vollständige und vollkommene göttliche Natur und eine vollkommene menschliche Natur besitzt und daß beide für immer in einer Person vereinigt wurden. Seine Gottheit war nicht in irgendeiner Weise unwirklich, obwohl er sündlos war, und in seiner einen Person existierten seine beiden Naturen ohne Vermischung, Veränderung, Teilung oder Trennung.

Ähnlich diesem, ist die Bibel ein göttlich-menschliches Buch. Obwohl sie von Gott kam, war sie eigentlich von Menschen geschrieben. Sie ist Gottes Wort, übermittelt durch den Heiligen Geist. Sündhafte Menschen schrieben das Wort nieder, aber sie taten es ohne Fehler. Ebenso nahm Christus in seiner Inkarnation Menschlichkeit an, aber er war nicht in irgendeiner Weise von der Sünde verderbt. So war auch die Herstellung der Heiligen Schrift in keiner Weise von Sünde gezeichnet.

Verfolgen wir diese Analogie weiter. In der Menschlichkeit Jesu Christi gab es einige Merkmale, auf die er keinen Einfluß hatte. Er mußte ein Jude sein. Er konnte kein Heide sein. Er mußte ein Mann sein und keine Frau. Er mußte sündlos sein, nicht sündhaft. Aber es gab auch einige Merkmale sündloser Menschlichkeit, die als „optional" gelten könnten. Jesus konnte vollkommene Menschlichkeit besitzen und doch in bezug auf seine Körperlänge um wenige Zentimeter von der Idealvorstellung abweichen. Ein Zwerg oder ein Riese würden unvollkommen gewesen sein. Sein Gewicht hätte ein wenig variabel sein können, und er würde dennoch vollkommen sein. Sicher könnte auch die Zahl der

Haare auf seinem Haupt innerhalb bestimmter Grenzen eine sündlose Wahlmöglichkeit geboten haben. Wie dem auch sei: Die Menschlichkeit, die er zur Schau trug, war tatsächlich vollkommene Menschlichkeit.

Die Schreiber der Bibel waren nicht passiv. Sie schrieben, wie der Geist sie vorantrieb, und es gibt Dinge in diesen Schriften, die konnten auf keine andere Weise gesagt werden. Paulus gab in Galater 3,16 dem Singular den Vorzug vor dem Plural und bestand darauf. Aber es waren auch einige sündlose Möglichkeiten denkbar wie z. B. Paulus' emotionale Darstellung in Römer 9,1-3. Die Bibel, die uns jetzt vorliegt, ist in der Tat der vollkommene Bericht von Gottes Botschaft an uns.

Jedermann ringt um die Beziehung zwischen göttlichen und menschlichen Autoren der Heiligen Schrift. Die göttliche Autorschaft darf nicht so sehr hervorgehoben werden, daß die menschliche für alle praktischen Tätigkeiten überflüssig wird, und die menschliche wiederum darf nicht so menschlich sein, Fehler im Text zuzulassen. Gott diktierte das Gesetz (5. Mose 9,10). Am anderen Ende der Skala göttlich-menschlicher Beziehungen saß "Dr. Lukas" und untersuchte das ihm vorliegende Material sehr gewissenhaft (Lukas 1,1-4). Paulus drückte sich einmal ungezwungen aus (Römer 9,1-3), ein anderes Mal etwas steif (Galater 3,16). Aber überall schrieb er genau das, was uns nach Gottes Wunsch übermittelt werden sollte.

Eine ähnliche Sache geschah in bezug auf die Person Christi in den frühen Jahrhunderten der Kirchengeschichte. Doketismus - eine Ketzerei des ersten Jahrhunderts - lehrte, daß Christus nicht wirklich Fleisch geworden, sondern nur als Mensch erschienen sei. So beraubte man ihn seiner wahren Menschlichkeit. Der Doketismus war christologisch gesehen natürlich ein Fehler, aber man kann die Analogie zur Frage der doppelten Urheberschaft der Bibel erkennen. Jene, die an Fehlern in der Bibel festhalten, sagen, daß die Annahme von Irrtumslosigkeit die göttliche Urheberschaft überbetont und ihre Menschlichkeit vernachlässigt. So soll die Ausdehnung von Gottes Oberaufsicht bei der Schaffung der Bibel auf eine Überwachung der Irrtumslosigkeit eine doketische Sicht der Inspiration fördern. Karl Barth hat diese Anklage erhoben, und erst vor nicht allzulanger Zeit haben der niederländische Theologe Gerrit Berkhouwer und Professor Paul Jewett vom Fuller Seminar (USA) sie wiederholt.

Aber selbst wenn es wahr wäre (was nicht der Fall ist), daß die Befürworter der völligen Irrtumslosigkeit der Heiligen Schrift eine Häresie ähnlich dem Doketismus unterstützen, dann wäre es ebenso wahr, daß die Befürworter irgendeiner Art von Irrtumsfähigkeit eine Irrlehre wie die der Ebioniten verfechten.

Im zweiten Jahrhundert bestritten die Ebioniten die Gottheit Christi, indem sie seine jungfräuliche Geburt und seine Präexistenz leugneten. Sie betrachteten Jesus als natürlichen Sohn von Josef und

46

Maria, den Gott bei seiner Taufe als seinen Sohn erwählte, der aber nicht von Ewigkeit her Sohn Gottes war. Sie meinten, Jesus sei ein großer Prophet und höher als die Erzengel, aber nicht göttlich.

Wenn nun die Irrtumslosigkeit der Schrift eine dem Doketismus ähnliche Häresie ist, dann ist Irrtumsfähigkeit der Schrift, wenn auch begrenzt, eine dem Ebionitismus ähnliche Ketzerei, da hier die Menschlichkeit der Bibel Fehler in der Bibel zulassen muß. Nach dieser Sicht können, weil wirkliche Menschen in die Herstellung verwickelt waren, ihre Schriften nicht als „garantiert fehlerfrei" gelten, obwohl sie der Heilige Geist inspiriert und überwacht hat. Dies ist ein Irrtum, ähnlich dem der Ebioniten.

Erinnern wir uns: Es gibt eine rechtgläubige Lehre über die Person Christi, und es gibt eine rechtgläubige Lehre über die Heilige Schrift. Beide verbinden Gott und Mensch miteinander, und beide resultieren in einem sündlosen Produkt.

**Kapitel 8**

# Irrtumslosigkeit und die Lehre Christi (1)

Eine Deduktion besteht aus einer Hauptprämisse, einer Nebenprämisse und einer Schlußfolgerung. Wir sahen den deduktiven Beweis für Irrtumslosigkeit in Kapitel 5: Gott ist wahr, Gott atmete die Bibel aus, daher ist die Bibel wahr. Natürlich ist jede Deduktion nur so gut wie ihre Prämissen. In der vorliegenden Deduktion sind beide Prämissen gut und wahr - einfach deshalb, weil die Bibel selbst sie klar aussagt. So ist der deduktive Beweis für die Irrtumslosigkeit der Bibel so stark und schlüssig wie die Bibel selbst.

Es gibt aber auch eine andere Linie der Beweisführung, die des induktiven Beweises. Bei der induktiven Beweisführung schließt man von Teilen auf das Ganze, vom Einzelnen auf das Allgemeine. So wird aus den vorhandenen Beweismitteln eine Schlußfolgerung gezogen.

Eine Induktion ist nur so gut wie die Vollständigkeit der untersuchten Beweismittel. Wenn die ersten fünf Schreibmaschinen, die ein Mensch zu Gesicht bekommen hat, alle elektrisch waren, so könnte er schließen, daß alle Schreibmaschinen elektrisch seien. Natürlich würde die erste mechanische

Schreibmaschine, die ihm unter die Augen kommt, diese Schlußfolgerung zunichte machen. Aber nicht alle Induktionen tragen ein derart hohes Risiko: Wenn man die Möglichkeit hat, so viele Beweismittel zu untersuchen wie es gibt, kann man mit hoher Sicherheit eine sehr zuverlässige Schlußfolgerung treffen.

Wir können alle Lehren untersuchen, die uns von Christus überliefert sind. Wir glauben nicht, daß es irgendeine Wahrscheinlichkeit für die Entdeckung einer bisher nicht bekannten Lehre Christi gibt, welche die Beweismittel seiner Lehre in den Evangelien zunichte machen könnte. Wenn wir alles, was er über die Zuverlässigkeit der Heiligen Schrift gesagt hat, untersuchen können, dann können wir auch eine richtige Schlußfolgerung über seine Sicht der Heiligen Schrift ziehen.

Wenn wir herausfinden, daß er die Heilige Schrift nur in allgemeiner Weise gebrauchte oder allgemein über sie lehrte, dann dürfen wir daraus schließen, daß er an ihre allgemeine Zuverlässigkeit glaubte. Wenn wir andererseits erkennen, daß er sich auf die Richtigkeit von Details der Heiligen Schrift verließ, dann muß unsere Schlußfolgerung seinen Glauben widerspiegeln, daß sie bis in ihre Einzelheiten irrtumsfrei ist.

Betrachten wir die Beweismittel aus Matthäus 5,17-18: „Meint nicht, daß ich gekommen sei, das Gesetz oder die Propheten aufzulösen; ich bin nicht gekommen aufzulösen, sondern zu erfüllen. Denn wahrlich, ich sage euch: Bis der Himmel und die Erde vergehen, soll auch nicht *ein* Jota oder *ein* Strichlein von dem Gesetz vergehen."

Zum ersten, was ist die Verheißung? Sie beinhaltet, daß das Gesetz und die Propheten nicht außer Kraft gesetzt, sondern erfüllt werden. Etwas aufzulösen bedeutet, es nicht zu vollenden, etwas zu erfüllen bedeutet, Zugesagtes zu vollenden. Christus garantiert also, daß Verheißungen nicht unerfüllt bleiben werden.

Zum zweiten, worauf bezieht sich die Zusage der Verheißungen? Der Begriff „Gesetz und Propheten" umfaßt das ganze Alte Testament, die Bibel unseres Herrn. Das Wort „Gesetz" in Vers 18 bezeichnet den gleichen Gegenstand (vergleiche den Gebrauch des Wortes „Gesetz" in Johannes 10,34, wo es ebenfalls mehr umfaßt als das mosaische Gesetz).

Zum dritten, mit welcher Genauigkeit werden alle Verheißungen des Alten Testaments erfüllt werden? Der Herr sagte, man dürfe damit rechnen, daß die Verheißungen bis zum letzten Jota und zum letzten Strichlein erfüllt werden.

Jota ist der hebräische Buchstabe *Yodh*. Er ist der kleinste von allen Buchstaben im hebräischen Alphabet. Er wird in einer hebräischen Schriftzeile etwa den gleichen Raum einnehmen, wie ihn ein Apostroph in einer deutschen Schriftzeile (') beansprucht. In der Tat erscheint dieser hebräische Buchstabe einem deutschen Apostroph sehr ähnlich ('). Obgleich er der kleinste der hebräischen Buchstaben ist,

ist er doch so wichtig wie jeder andere, denn Buchstaben setzen sich zusammen zu Worten, und Worte bilden Sätze, und aus Sätzen werden Verheißungen. Liest man ein Wort auf die eine Art, so bekommt es eine bestimmte Bedeutung; liest man es auf eine andere Weise, so bekommt es, wenn auch nur ein einziger Buchstabe anders ist, eine andere Bedeutung. „Heiß" bedeutet „sehr, sehr warm". Ändern wir einen Buchstaben, so lautet das neue Wort „weiß" oder „Geiß" oder „heil" oder „Heim". Fügen wir einen Buchstaben hinzu, so lautet das Wort „heiße" in dem Sinne von „(mein) Name ist ...". Einzelne Buchstaben bilden verschiedene Worte. Unser Herr hat versprochen, daß nicht *ein* Jota unerfüllt bleiben werde: Jede Verheißung wird buchstabengetreu erfüllt werden.

Beachte, daß Christus nicht Begriffe einführt und dann zuläßt, daß die Worte zur Übermittlung dieser Begriffe wahlfrei bleiben (wie wir am Begriff der Inspiration sehen konnten). Er geht den anderen, umgekehrten Weg: Die Verheißungen sind gegründet auf den Buchstaben der Worte, die sie bezeichnen, und auf jene Worte darf man sich sowohl im allgemeinen wie auch im einzelnen verlassen.

Ebensowenig hat unser Herr gesagt, die Verheißungen würden so erfüllt, daß sie zur Zeit ihrer Erfüllung kulturell relevant sein würden. In manchen Kreisen werden die Verheißungen heute kulturbedingt neu übersetzt, wobei die ursprüngliche Zusage Gottes entkräftet wird. Christus lehrte jedoch, daß wir

auf die einfache, wortgetreue Erfüllung der ursprüng-
lichen Verheißungen des Alten Testaments zählen
können.

Ein Strichlein ist sogar noch kleiner als ein Jota.
Dabei ist ein Jota ein ganzer Buchstabe, ein Strichlein jedoch nur der Teil eines Buchstabens. Ist ein
Strichlein vorhanden, so trägt es dazu bei, einen
bestimmten Buchstaben zu formen, seine Abwesenheit verwandelt genau diesen Buchstaben in einen
ganz anderen. Der hebräische Buchstabe *Beth* beispielsweise schaut folgendermaßen aus: בּ; der Buchstabe *Kaph* hat dieses Aussehen: כ. Offensichtlich
gleichen sich die beiden sehr. Der einzige wirkliche
Unterschied zwischen den beiden Buchstaben ist der,
daß beim *Beth* die untere Horizontale sich leicht
nach rechts über die Vertikale hinaus erstreckt,
wohingegen am *Kaph* keine derartige Erweiterung
sichtbar wird. Diese Erweiterung des *Beth* - nicht die
vollständige untere Horizontale, sondern nur der Teil
rechts von der Vertikalen - ist ein Strichlein. Ist es
vorhanden, handelt es sich - in unserem Beispiel -
um ein *Beth*; ist es nicht vorhanden, ist der Buchstabe ein *Kaph*. Und ob man ein *Beth* liest oder ein
*Kaph*, wird zu unterschiedlicher Schreibweise und
damit zu verschiedenen Worten führen.

Ein anderes Beispiel: So sieht der hebräische
Buchstabe *Daleth* aus: ד und so der hebräische
Buchstabe *Resh*: ר. Auch hier ist das Strichlein ausschließlich der Teil der oberen Horizontalen, der sich
nach rechts von der Vertikalen erstreckt. Dennoch

wird ein Wort, das an einer bestimmten Stelle ein *Daleth* enthält, zu einem anderen, wenn an der Stelle dieses *Daleth* ein *Resh* steht.

Der Herr hat versprochen, daß nicht ein Jota oder ein Strichlein vom geschriebenen Wort Gottes an der Erfüllung der Verheißungen des Alten Testaments fehlen wird. Sie werden vielmehr wortgetreu erfüllt werden.

In unserer deutschen Sprache mit ihren lateinischen Buchstaben könnten wir ein Strichlein auf folgende Weise veranschaulichen: Nur ein Strichlein entscheidet darüber, ob wir eine Situation, der wir ausgeliefert sind, als „Fein" betrachten, oder ob sie uns eher eine „Pein" ist. Denn wenn wir dem „F" von „Fein" ein Strichlein anfügen, dann wird es zum „P" in „Pein". Auch die Menge dessen, was wir tragen können, wird von einem Strichlein entschieden: Ein ganzes „Fuder" oder nur ein bißchen „Puder". Auch der Ort, an dem im Buchstaben das Strichlein seinen Platz hat, ist für seine Bedeutung maßgebend. Denn es ist sicher ein erheblicher Unterschied, ob wir um des Herrn Jesus willen hier mal eine „Meile" oder eine ganze „Weile" gehen. Wie wir sehen, macht es einen Unterschied, ob die Strichlein in den lateinischen Buchstaben „M" und „W" die Vertikalen am oberen oder am unteren Ende miteinander verbinden. Und ob sich in unserem Einkaufskorb „Eier" oder „Bier" finden, ist nur Ergebnis des Fehlens oder Vorhandenseins eines Strichleins. Es können also nicht nur gänzlich unterschiedliche Worte von der

Verwendung der Strichlein abhängen, sondern sogar krasse Gegensätze.

Kleinigkeiten können große Unterschiede bewirken. Gegen Ende seines irdischen Wirkens bestätigte der Herr einmal mehr sein völliges Vertrauen in die wortgetreue Zuverlässigkeit der Heiligen Schrift. Beim Fest der Tempelweihe oder Chanukkah (165 vor Christi Geburt eingesetzt, um der Reinigung und Wiedereröffnung des Tempels nach seiner Schändung durch Antiochus Epiphanes drei Jahre vorher im Jahr 168 zu gedenken) forderten die Juden Jesus auf, ihnen geradeheraus zu sagen, ob er der Messias sei (Johannes 10,25-39). Seine Antwort lautete: „Ich und der Vater sind eins." Das Wort „eins" ist sächlich; „eine Sache", nicht „ein Mann". Mit anderen Worten: Jesus machte nicht geltend, er und der Vater seien identisch, sondern er und der Vater seien in Wesenseinheit. Er genoß vollkommene Einheit der Natur und des Handelns mit dem Vater. Die Juden hatten ihn gefragt, ob er der Messias sei. Seine Antwort bot mehr, als sie erwartet hatten, denn in ihr beanspruchte er außerdem, Gott gleich zu sein.

Dies war der sicherste Weg, daß sie seinen Anspruch auch verstanden, denn sie bereiteten sich umgehend darauf vor, den Herrn zu steinigen, weil sie das, was er sagte, als eine Gotteslästerung betrachteten. Er verwies auf Psalm 82, um sie davon zurückzuhalten. Er nannte diesen Teil des Alten Testaments „das Gesetz" (Vers 34), wie er es auch bei zwei anderen Gelegenheiten tat (Johannes 12,34 und 15,25). Im Gesetz, sagte er, wurden die Richter Israels, die doch Menschen waren, Götter genannt, und zwar aufgrund ihres hohen, gottgegebenen Auftrags. Wenn der Psalm, so faßte er zusammen, die Bezeichnung „Götter" auf bloße Menschen anwenden kann, dann ist der Ausdruck „Sohn Gottes" sicherlich richtig angewandt auf den Einen, den der Vater geheiligt und in die Welt gesandt hat. Mit anderen Worten: Wenn *elohim* auf Menschen angewandt wird, wieviel mehr darf es dann ihn bezeichnen, der die Wesenseinheit mit dem Vater besitzt.

Auch wenn diese Argumentation recht anspruchsvoll erscheint, so sind doch gewisse Forderungen, die Christus in bezug auf die Bibel stellt, kristallklar.

*Die Bibel ist wörtlich inspiriert.* Er wies die Juden auf das hin, was in der Heiligen Schrift *geschrieben* stand. Gottes Wort kam zu uns in planvoll gesetzten Worten, nicht in bloßen Begriffen, Gedanken oder mündlichen Überlieferungen. Es ist die unter der Leitung des Heiligen Geistes geschriebene Aufzeichnung, die von Gott inspiriert war und auf die man sich deshalb verlassen kann.

*Die Bibel ist bis in die letzte Kleinigkeit hinein inspiriert.* Der Text in Psalm 82 ist nicht Bestandteil dessen, was man als einen Hauptabschnitt des Alten Testaments erachten würde. Es ist weder ein Psalm Davids noch einer der messianischen Psalmen. Ich sage dies hier nicht, um diesen Psalm in irgendeiner Weise herabzuwürdigen (denn er ist natürlich ebenso inspiriert wie alle anderen Teile der Bibel), sondern um deutlich hervorzuheben, daß der Herr eben nicht einen der hervorragenden Abschnitte der Heiligen Schrift heranzog, um seine Beweisführung darauf zu gründen. In der Tat könnte man, ohne dabei respektlos zu sein, sagen, daß er einen ziemlich gewöhnlichen, durchschnittlichen Abschnitt ausgewählt hat. Er könnte dies selbstverständlich nicht getan haben, wenn er nicht geglaubt hätte, daß Gottes irrtumsfreies, inspiriertes Wort solche Passagen enthielte. Aber noch mehr, er zielte in diesem gewöhnlichen Abschnitt auf ein einzelnes Wort: „Götter“. Dies wäre ihm unmöglich gewesen, wenn er nicht an die wörtliche Inspiration der Bibel geglaubt hätte. Er nahm zu Recht an, daß er auf jeden Teil der Bibel vertrauen konnte und auch auf jedes Wort in jedem dieser Teile.

*Die Bibel ist maßgebend inspiriert.* Inmitten seiner anspruchsvollen Argumentation fügte der Herr beinahe zufällig die Aussage hinzu: „. . . und die Schrift kann nicht aufgelöst werden.“ Was bedeutet das? Es heißt ganz einfach, daß die Bibel nicht ihrer Autorität beraubt werden kann. Die einzige Möglichkeit, ihr die Autorität abzusprechen, bestünde in der Entdeckung, sie sei irrtumsfähig. Christus selbst sagt hier aber, daß sie sowohl maßgebend wie irrtumsfrei ist. Einige Übersetzungen setzen diesen Ausdruck in eine Klammer. Es könnte besser sein, ihn als abhängig von dem „Wenn“ am Satzanfang zu betrachten. Dieses „Wenn“ führt eine erstklassige Bedingung ein, die Gewißheit bedeutet und besser mit „weil“

übersetzt wird. So erklärte der Herr zwei Prämissen für absolut verläßlich: Der Psalm nennt sie Götter, und die Schrift kann nicht aufgelöst werden. Erinnern wir uns: Christus macht hier sein Leben von der Zuverlässigkeit der Schrift abhängig, denn seine Feinde waren bereit, ihn zu steinigen. Auch weiterhin baute er auf die Richtigkeit und Autorität eines jeden Wortes der Heiligen Schrift.

Christus baute auf die Irrtumslosigkeit der Schrift, weil er an ihre Irrtumslosigkeit glaubte. Dieser Glaube ist der einzige Weg, sich in Details auf die Autorität der Schrift verlassen zu können. Und er verließ sich auf Details - Jotas, Strichleins und einzelne Worte.

Wenn er dies tat, so dürfen wir es auch tun. Wir müssen es sogar tun. Denn - wie kann man dem Christus völlig nachfolgen, ohne ebenso seiner Haltung gegenüber Gottes Wort zu folgen?

**Kapitel 9**

# Irrtumslosigkeit und die Lehre Christi (2)

Vergegenwärtigen wir uns einmal folgende Szene: Der Herr „tritt dem (jüdischen) Volk gegenüber" und „trifft die (pharisäische) Presse", alles am gleichen Tag. Die Herodianer hatten versucht, ihn mit einer Frage zu fangen: Ob es denn wohl rechtmäßig sei, Cäsar die Kopfsteuer zu bezahlen? Dann kamen die Saduzäer an die Reihe (Matthäus 22,22-23). Dieser Dialog bietet uns mehr klare Beweise für den Glauben unseres Herrn an eine irrtumsfreie und damit Wort für Wort maßgebende Heilige Schrift.

Die Sadduzäer glaubten an die Autorität des Pentateuch. Sie bestritten jedoch die Existenz von Engeln und anderen Geistern sowie den Glauben an die Auferstehung der Toten, denn sie konnten im Pentateuch keine Lehre darüber finden. Sie kamen zu Jesus und stellten unmittelbar ihre Scheinheiligkeit unter Beweis, indem sie ihm eine Frage über die Lehre von der Auferstehung vorlegten. Darüber hinaus dachten sie sich eine Geschichte aus, die auf Lehren aus dem Pentateuch beruhte, um ihre Frage zu untermauern. Es ging um das Gesetz der Leviratsehe (der Begriff aus 5. Mose 25 bedeutet soviel wie

58

„Schwagerehe"). Es verpflichtete den Schwager einer kinderlosen Witwe, diese zu heiraten, wenn er dazu in der Lage war. Konnte er dies nicht, fiel die Verantwortung auf den nächsten männlichen Verwandten, wie es die Geschichte von Ruth und Boas zeigt (Ruth 4,6).

Auf der Grundlage dieses Gesetzes hatten sich die Sadduzäer eine Geschichte von sieben Brüdern ausgedacht, deren erster eine Frau heiratete, die er bei seinem Tod kinderlos hinterließ. Danach heiratete sie jeder der sechs anderen reihum, nachdem der jeweils ältere Bruder - kinderlos - gestorben war. Schließlich starb auch der siebente Ehemann, und als letzte von allen die siebenfache Witwe.

Abschließend konfrontierten die Sadduzäer den Herrn mit ihrer Frage: „Wessen Ehefrau wird sie in der Auferstehung sein? Denn alle sieben hatten sie."

Seine Antwort war vernichtend. Er beschuldigte sie des Irrtums, der Unwissenheit gegenüber der Heiligen Schrift und der Ignoranz gegenüber der Macht Gottes (Vers 29).

Dann beurteilte Christus ihre Frage und entschied, sie sei belanglos (Vers 30). Belanglos deshalb, weil die Menschen in der Auferstehung nicht heiraten. Sie sind in der Auferstehung Engeln ähnlich, die nicht heiraten, weil es keine Notwendigkeit gibt, Engel-Nachwuchs zu zeugen. Die Zahl der Engel war festgelegt zu der Zeit, als sie erschaffen wurden. Ebenso werden die Menschen nach dem irdischen Tod nicht heiraten, da es keinen Bedarf für die

Geburt von Babys geben wird. Jesus sagte nicht, daß Menschen Engel würden, nachdem sie gestorben seien. Er sagte vielmehr, daß sie - wie die Engel - nicht zeugen werden. Da es so ist, lag keine Notwendigkeit vor, die Frage der Sadduzäer zu beantworten. Sie war völlig irrelevant. Das Gesetz der Leviratsehe war geschaffen worden, um sicherzustellen, daß Kinder geboren würden, die den Namen des ersten, toten Ehemannes tragen. Im Himmel aber wird es keine Notwendigkeit für eine derartige Vorsorge geben. Daher war diese Frage belanglos.

Als ob es nicht ausreichend wäre, die Sadduzäer des Irrtums, der Ignoranz und belangloser Fragen zu bezichtigen, fuhr der Herr fort, sie mit einiger gesunder Lehre aus einem Abschnitt des Alten Testaments zu unterweisen, den sie als maßgebend betrachteten (2. Mose 3,6). Die Lektion war einfach die: Entgegen eurer Lehrmeinung lehrt die Heilige Schrift, daß es ein Leben nach dem Tode gibt. Der Tod beendet keineswegs alles, wie ihr es lehrt.

Und wiederum argumentiert unser Herr sehr anspruchsvoll. Ich denke, daß nur sehr wenige von uns 2. Mose 3 für den Versuch wählen würden zu beweisen, daß es ein Leben nach dem Tode gibt. Aber unser Herr tat es.

Es muß auch beachtet werden, daß er genauso wie in Johannes 10,34 seine Argumentation auf dem geschriebenen Wort aufbaut, nicht auf allgemeinen Begriffen, sondern auf bestimmten geschriebenen Worten. In diesem Fall gründet er seine Argumentation auf jene Worte, mit denen sich Gott selbst gegenüber Mose bei dem brennenden Dornbusch zu erkennen gab: „Ich bin der Gott Abrahams und der Gott Isaaks und der Gott Jakobs." Das beweist, so fuhr der Herr fort, daß Gott der Gott der Lebenden ist, nicht ein Gott der Toten. Es bedeutet, daß Abraham, Isaak und Jakob immer noch lebendig waren, obwohl sie starben, lange bevor diese Worte gesprochen wurden.

Inwiefern bestätigt diese Identifikation die Lehre vom Leben nach dem Tod? Einfach durch den Gebrauch der Zeitform der Gegenwart: „Ich bin." Abraham, Isaak und Jakob waren gestorben - einige hundert Jahre, bevor Gott zu Mose sprach. Dennoch teilte Gott mit, daß er immer noch ihr Gott sei, als er sich Mose offenbarte. Das wäre nicht möglich gewesen, wenn Abraham, Isaak und Jakob bei ihrem irdischen Tod gänzlich aufgehört hätten zu existieren. Es war nur dann möglich, wenn im Gegensatz zur Lehre der Sadduzäer mit dem irdischen Tod nicht alles beendet ist.

Natürlich ist der Unterschied zwischen „ich bin" und „ich war" eine Angelegenheit der grammatikalischen Zeitform des verwendeten Zeitwortes. Jesu Argumentation beruhte darauf, daß hier in der Schrift die Gegenwartsform anstatt der Vergangenheitsform vorlag. Christus benutzt die Zeitform der Gegenwart, um die Lehre von der Auferstehung zu stützen.

Die Wirkung der Ausführungen Christi lassen sich folgendermaßen veranschaulichen. Weil ich als Gastprediger in viele Gemeinden komme, laden mich oft Gemeindeglieder nach dem Gottesdienst zum Essen ein. Dabei habe ich entdeckt, daß ein passendes Gesprächsthema die Kinder der Familie sind. Nehmen wir einmal an, ich würde fragen: „Wie viele Kinder habt ihr denn eigentlich in eurer Familie?" Wenn mich nun Vater oder Mutter mit der Antwort konfrontieren: „Wir hatten vier, aber eines starb, und so haben wir nur drei Kinder", so kann ich mir über den geistlichen Zustand oder die geistliche Reife jener Eltern nicht sicher sein. Wenn ich jedoch andererseits auf die gleiche Frage von den Eltern zu hören bekomme: „Wir haben vier; eines ist im Himmel und drei sind hier bei uns", dann kann ich ein ziemlich großes Vertrauen in den Glauben dieser Familie setzen. Ich kann dann beinahe sicher sein, daß sie nicht meinen, mit dem Tode sei alles vorbei, sondern daß sie an eine kommende Auferstehung glauben.

Der Unterschied liegt nur in der Zeitform des verwendeten Zeitwortes: Wir *hatten* oder wir *haben*. Ich *war* ihr Gott oder ich *bin* ihr Gott.

Die Zusammenhänge von Jesu Darstellung sind sorgfältig zu beachten.

1. Er akzeptierte die Geschichtlichkeit der Erscheinung Gottes vor Mose.

2. Er unterstellte, daß Gottes Offenbarung in lehrsatzmäßiger, planvoller Form zu den Menschen kam.

3. Er ging davon aus, jedem Wort dieser Darstellung völlig vertrauen zu können.

4. Er nahm an, daß sich eine Lehrwahrheit auf historische Genauigkeit gründen muß.
Die Bibel kann nicht ungenau in historischen Angelegenheiten und dabei doch genau in ihrer Lehre sein.

5. Er ging davon aus, daß man sogar ungewöhnliche Textpassagen heranziehen und auf ihre Genauigkeit vertrauen kann.

Später an demselben Tag, sobald die Pharisäer die Menge seiner Widersacher versammelt hatten, ergriff nun der Herr seinerseits die Initiative und stellte ihnen geradeheraus die Frage: „Was haltet ihr von dem Christus? Wessen Sohn ist er?" (Matthäus 22,41-46). Ihre unmittelbare Antwort lautete: „Davids". Sie war korrekt, aber unvollständig. Christus ist der Sohn Davids, soweit es seine Menschlichkeit betrifft. Er ist aber ebenso der Sohn Gottes, und der Herr wünschte, daß die Pharisäer dies ebenso anerkennen würden. So fragte er sie: „Wie nennt David ihn denn im Geist Herr?" und zitierte Psalm 110,1, um Davids Worte zu belegen. In diesem

Psalm sprach der Herr (das ist der Vater) zu „meinem Herrn" (dem Messias, der Davids Herr war): „Setze dich zu meiner (des Vaters) Rechten, bis ich (der Vater) deine (des Messias) Feinde lege unter deine (des Messias) Füße!"

Wie konnte David den Messias seinen Herrn nennen, wenn der Messias nur Davids Sohn war? Die einzig mögliche Antwort ist: Er konnte es, weil der Messias auch Davids Gott ist. Mit anderen Worten: Der Messias mußte einfach beides sein - Gott und Mensch. Als Mensch war er Davids Sohn; als Gott Davids Herr. Das Fürwort „mein" verbindet David mit seinem Messias-Herrn.

Vielleicht hilft uns eine zeitgemäße Illustration, das besser zu verstehen. Wenn Königin Elisabeth II. von England stirbt oder die Krone niederlegt, wird vermutlich der Prince of Wales, Charles, König werden. Nehmen wir an, sein Vater, Prinz Philipp, lebt noch. Ich frage jemand: „König Charles, wessen Sohn ist er?" Darauf wird die Antwort erfolgen: „Prinz Philipps." - „Aber", so könnte ich entgegnen, „ich habe die Krönung von König Charles im Fernsehen gesehen, und ich habe dabei beobachtet, wie sich Prinz Philipp verbeugte und ihm Untertanentreue schwor. Warum nennt Philipp Charles 'Herr'?" Die Antwort ist einfach: König Charles ist Philipps Souverän, sein König, obgleich er Philipps natürlicher Sohn ist. Er ist beides, Philipps Sohn und Philipps Herr. So war auch der Messias Davids Sohn und ist - weil der Messias gleichzusetzen ist mit Gott - Davids Herr.

Natürliche Zeugung verbindet den Messias mit David als dessen Nachkomme. Das Fürwort „mein" in Psalm 110,1 verbindet ihn mit David als dessen Herr und Gott. Und das Pronomen „mein" ist im Hebräischen einfach ein *Yodh*, ein Jota, der kleinste der hebräischen Buchstaben, angefügt an das Wort „Herr".

Es gibt keinen wesentlicheren Punkt für eine rechtgläubige Christologie als die völlige Gottheit und wahre Menschlichkeit Jesu Christi. Wäre er nicht der Gott-Mensch, dann könnte er kein ausreichender Erlöser, Hohepriester oder Richter gewesen sein. Wer von uns würde daran gedacht haben, Psalm 110 zu gebrauchen, wie es unser Herr tat, um die Wahrheit seiner Person hervorzuheben? Aber Jesus tat genau dies. Er baute seine Argumentation gegenüber den Pharisäern auf dem einzelnen hebräischen Wort „mein Herr" auf. Den scheinbaren Kleinigkeiten der Bibel kann also vertraut werden.

Was haben wir über den Standpunkt gelernt, den unser Herr gegenüber der Heiligen Schrift einnimmt?

1. Der Schreibweise der einzelnen Worte kann völlig vertraut werden. Keine einzige Verheißung wird in geringerem Maße oder anders erfüllt werden, als sie in der Heiligen Schrift geschrieben steht.

2. Die einzige Möglichkeit, daß die Bibel ihre
   Autorität verliert, ist dann gegeben, wenn sie
   Fehler enthält. Christus lehrte aber, daß die
   Heilige Schrift nicht aufgelöst werden kann.
   Folglich muß er geglaubt haben, daß sie kei-
   nen einzigen Fehler enthält.

3. Der Herr baute anspruchsvolle Argumen-
   tationen auf einzelnen Worten und sogar auf
   der verwendeten Zeitform eines Zeitwortes
   auf.

Wiederum stelle ich die Frage: Wer kann sagen, er
folge völlig dem Herrn, ohne seine Lehre über die
Irrtumslosigkeit der Heiligen Schrift anzuerkennen?

**Kapitel 10**

# Unser Herr und seine Bibel

U nser Herr hatte noch einige weitere Dinge über die Heilige Schrift zu sagen, die belegen, daß er ihr uneingeschränkt vertraute. Dieses Vertrauen wäre ungerechtfertigt gewesen, wenn die Bibel Fehler enthielte.

*Der Kanon*

Der Begriff *Kanon* bezeichnet eine Meßrute und so im übertragenen Sinne einen Maßstab. Der Kirchenvater Athanasius gebrauchte ihn als erster und verwies damit auf jene Bücher, die Maßstäbe setzten und als Teil der Heiligen Schriften betrachtet wurden. Die zur Bewertung herangezogenen Kriterien scheinen klar, und obgleich es geraumer Zeit bedurfte, den endgültigen Kanon zusammenzustellen, wird die Zahl der zur Bibel gehörenden Bücher nicht allgemein diskutiert - mit einer Ausnahme. Diese Ausnahme bilden die apokryphen Bücher zum Alten Testament. Es handelt sich dabei um vierzehn oder fünfzehn Bücher, wobei die Anzahl davon abhängt, ob der „Brief Jeremias" und der „Brief Baruchs" als ein Buch oder als zwei Bücher gezählt werden. Diese apokryphen Bücher wurden größtenteils später als

200 vor Christi Geburt geschrieben. Man brachte ihnen verschiedene Grade der Wertschätzung entgegen, aber sie wurden nie mit den kanonischen Büchern des Alten Testaments auf eine Ebene gestellt, bis elf davon 1546 beim Konzil von Trient durch die römisch-katholische Kirche für kanonisch erklärt wurden.

Unser Herr hat sich darüber geäußert, was zum Kanon des Alten Testaments, also zu seiner „Bibel" gehört und was nicht. Als er die Führer der Juden verurteilte, weil sie durch die ganze Geschichte hindurch die Boten Gottes getötet hatten, da beschuldigte er sie, das Blut der Rechtschaffenen vergossen zu haben: von Abel bis Zacharias (Matthäus 23,35; Lukas 11,51). Nun - der Mord an Abel steht in 1. Mose 4, und der Mord an Zacharias wird in 2. Chronik 24 berichtet. Im Hebräischen Kanon der heiligen Schrift ist 2. Chronik das letzte in der Anordnung der Bücher (so wie in unserem Alten Testament das Buch Maleachi das letzte in der Anordnung ist). Mit anderen Worten, der Herr brachte hier in Wirklichkeit zum Ausdruck: „Vom ersten bis zum letzten Mord in der Heiligen Schrift." Natürlich gibt es auch Berichte über Morde in den apokryphen Büchern. Diese Bücher wollte der Herr jedoch offenbar nicht mit in den von ihm zitierten Kanon einbeziehen. Offenbar erwog er erst gar nicht, daß jene apokryphen Bücher die gleiche Autorität besitzen könnten wie die Bücher von 1. Mose bis 2. Chronik. Folglich ließ er mit seiner Feststellung jedermann wissen, welche Schriften seines Erachtens zum Kanon des Alten Testaments gehören.

*Seine Versuchung*

Der Bericht von der Versuchung unseres Herrn gibt einige wichtige Anhaltspunkte darüber, wie er die Heilige Schrift betrachtete.

1. Jesus anerkannte die vollständige Inspiration der Bibel. Als sich ihm der Teufel zuerst mit dem Vorschlag näherte, Steine in Brot zu verwandeln, da antwortete ihm unser Herr: „Nicht vom Brot allein soll der Mensch leben, sondern von *jedem Wort*, das durch den Mund Gottes ausgeht" (Matthäus 4,4; 5. Mose 8,3 zitierend). Er sagte nicht „einige Worte", sondern „jedes Wort". Da die Bibel von Gott ausgeatmet ist (2. Timotheus 3,16), gehören nicht nur Teile von ihr zu den Dingen, die den Menschen erhalten, sondern das Ganze.

Die zweite Versuchung unseres Herrn veranschaulicht ebenso die Bedeutung vollkommener Inspiration. Es war Satans Absicht, den Herrn dazu zu verlocken, daß er sich von der Zinne des Tempels hinabwarf. Dabei sicherte er ihm zu, er dürfe die Verheißung aus Psalm 91,11-12 für sich in Anspruch nehmen, daß Gottes Engel ihn schützen würden. Als Satan jene Verse zitierte, ließ er jedoch einen Teil von Vers 11 aus: „... dich zu bewahren auf allen deinen Wegen." Diese Auslassung verzerrt die Bedeutung der Verheißung. Sie besagt nämlich, daß

Gott die Rechtschaffenen auf ihren Wegen bewahren wird; nicht aber, daß er sie bei unnötig eingegangenen Risiken bewahren wird. Ein unnötiges Risiko aber war genau das, was Satan Jesus vorschlug. Der Herr antwortete ihm darauf, sich auf einen Teil eines Bibelverses zu verlassen, würde bedeuten, Gott zu versuchen. Statt dessen würde er sich auf *jedes* Wort Gottes verlassen, und zwar auf jedes einzelne der Worte aus Psalm 91,11-12.

2. Jesus anerkannte die Wahrheit der einzelnen Sätze der Heiligen Schrift. Wie schon gesagt, ein heutzutage beliebter Standpunkt betrachtet die Bibel so, als enthalte sie nur persönliche Offenbarung, nicht aber planvolle sachliche Offenbarung. Damit meint man, die Bibel offenbare Gott und Christus genau, tue dies aber in einer Art zwischenmenschlicher Beziehung und nicht durch das in ihr geschriebene Wort. Daher könne man zwar der Botschaft der Bibel vertrauen, nicht aber den einzelnen Feststellungen beziehungsweise Verheißungen der Heiligen Schrift; man müsse dies auch nicht. Die Bibel, so sagt man, bezeuge die unfehlbare Wahrheit, aber sie müsse dies ja nicht mit fehlerfreien Feststellungen tun. Das Fazit eines solchen Standpunktes: Der Zeiger, die Bibel, ist fehlbar, Christus aber, auf den sie hinweist, ist unfehlbar.

Christi Antwort auf Satans Angriffe weist diesen Standpunkt jedoch zurück. Er sagte: „Es steht geschrieben" (Matthäus 4,4.7.10). Er sagte nicht: „Es zeugt." Er verließ sich auf tragende Feststellungen, die in und von sich selbst Wahrheit übermitteln und dies exakt tun.

*Die Geschichte im Alten Testament*

Unser Herr gebrauchte historische Ereignisse aus dem Alten Testament in einer Art, die sein vollständiges Vertrauen in dessen faktische Historizität bekundete.

1. Er anerkannte, daß Adam und Eva zwei lebende, von Gott erschaffene Menschen waren, nicht nur Symbole für Mann und Frau, und daß sie auf bestimmte Weise handelten (Matthäus 19,3-5; Markus 10,6-8).

2. Er bestätigte Ereignisse in Verbindung mit der Flut in Noahs Tagen; nämlich daß es eine Arche gab und daß die Flut jeden vernichtete, der nicht in dieser Arche war (Matthäus 24,38-39; Lukas 17,26-27).

3. Bei zwei verschiedenen Gelegenheiten bestätigt er die Vernichtung Sodoms durch Gott und die Geschichtlichkeit Lots und seiner Ehefrau (Matthäus 10,15.23; Lukas 17, 28-29).

4. Er anerkannte die Geschichte von Jona und dem großen Fisch als wahr (Matthäus 12,40).

71

5. Er anerkannte die Geschichtlichkeit von
   Jesaja (Matthäus 12,17), Elia (Matthäus
   17,11-12), Daniel (Matthäus 24,15),
   Abel (Matthäus 23,35), Zacharias
   (Matthäus 23,35), Abjathar (Markus 2,26),
   David (Matthäus 22,45), Moses und seiner
   Schriften (Matthäus 8,4; Johannes 5,46),
   Abraham, Isaak und Jakob (Matthäus 8,11;
   Johannes 8,39).

Daraus müssen einige sehr wichtige Schlußfolgerungen gezogen werden:

1. Christus spielte nicht nur auf jene Geschichten
   an, sondern er bestätigte auch die in ihnen berichteten Ereignisse als faktische Geschichte,
   der vollkommen vertraut werden darf.

2. Jene Ereignisse beinhalten viele der heute
   strittigen Passagen des Alten Testaments -
   Schöpfung, Flut und die Hauptwunder
   einschließlich Jonas und des Fisches.

Offensichtlich hatte unser Herr den Eindruck, daß
die Heilige Schrift zuverlässig ist, historisch wahr und
in bezug auf jedes einzelne Wort vertrauenswürdig.

**Kapitel 11**

# Einige Probleme im Alten Testament

Niemand wird bestreiten, daß es in der Bibel schwierige Passagen gibt, die Probleme der einen oder anderen Art beinhalten. Interpretations- beziehungsweise Auslegungsprobleme oder Diskussionen über Manuskripte und Texttypen spielen für die Frage der Irrtumslosigkeit der Bibel keine Rolle, betroffen ist sie jedoch von scheinbaren Unstimmigkeiten, widersprüchlichen Zahlen, Unterschieden in parallelen Berichten über das gleiche Ereignis oder angeblich unwissenschaftlichen Feststellungen.

Befürworter wie Gegner der Irrtumslosigkeit haben den gleichen Zugang zu allen Fakten, die jedes dieser Probleme betreffen. Beide haben einen Verstand, der fähig ist, jene Tatsachen in Beziehung zueinander zu setzen. Die einen wie die anderen können die Schlußfolgerungen der jeweils Andersdenkenden lesen. Aber es kommen nicht beide Seiten auf der gleichen Grundlage zur Betrachtung dieser Probleme. Die Erwartung des Irrtumsbejahers rechnet nicht nur mit der Möglichkeit von Irrtümern in der Bibel, sie schließt ein, daß solche wirklich vorhanden sind. Daher ist eine seiner möglichen Schlußfolgerungen bei der Untersuchung solcher Probleme, daß das eine oder andere von ihnen tatsächlich einen Irrtum darstellt.

Auf der anderen Seite geht der Fehlerleugner davon aus, daß die Bibel keine Irrtümer enthält. Deshalb zieht er gar nicht erst in Betracht, daß eines dieser angesprochenen Probleme in der Bibel auf einem Irrtum beruhen könnte. Seine Nachforschung kann ihn dahin führen, daß manches dieser Probleme noch unerklärbar ist. Auf jeden Fall glaubt er nicht an einen Irrtum, sondern daran, daß entweder weitere Forschung zu einer Lösung des Problems führen wird oder daß er spätestens im Himmel die Auflösung verstehen wird.

Stellen wir uns folgende Situation vor: Ein glücklich verheirateter Mann kommt eines Tages unerwartet vorzeitig nach Hause und sieht, wie seine Frau einem hübschen jungen Mann nachwinkt, den sie zu seinem Auto begleitet hat. Was wird er denken? Wenn er seiner Ehefrau voll und ganz vertraut, weil er in vielen Jahren des Zusammenlebens ihre Treue erfahren hat, wird er annehmen, daß sie einen guten Grund gehabt hatte, den Besuch dieses Mannes zu empfangen. Er könnte zwar neugierig sein, wird aber nicht die Treue seiner Ehefrau anzweifeln. Vielleicht wird es bis Weihnachten oder bis zu ihrem Hochzeitstag dauern, daß er erfährt: Jener Mann, den er abfahren sah, lieferte ein besonderes Geschenk ab, das seine Ehefrau für ihn bestellt hatte.

Wenn aber die Beziehung zwischen ihm und seiner Ehefrau auch nur ein wenig getrübt ist, werden seine Gedanken auf alle möglichen Abwege geraten bis hin zum Verdacht ihrer ehelichen Untreue. Weil er zutiefst verunsichert ist, könnte seine Frau in seinen Augen bereits als Ehebrecherin gebrandmarkt sein.

Die Analogie liegt auf der Hand, nicht wahr? Wenn ich mit dem Vertrauen an die Bibel herangehe, daß ihre Worte von Gott ausgeatmet sind und deshalb nicht irren können, und wenn dieses Vertrauen gestützt wird von einer jahrelangen Erfahrung, in der sich die Heilige Schrift als vollkommen zuverlässig erwiesen hat, dann wird kein Problem dieses Vertrauen erschüttern, und ich werde gewiß nicht schließen oder vermuten, daß es sich um einen Irrtum handeln könnte. Wenn ich aber denken müßte, es gäbe Irrtümer in der Heiligen Schrift - ganz gleich, wie wenige oder wie viele -, dann käme ich wahrscheinlich zu dem Schluß, daß manche dieser Probleme Beispiele von Irrtümern seien. Und selbst wenn es nur einen einzigen Irrtum in ihr gäbe, dann hätte ich eine irrende Bibel.

Es ist schwierig, aus der aktuellen Literatur über die Diskussion der Irrtumslosigkeit der Heiligen Schrift eine einheitliche Liste solcher „Irrtümer" herauszuziehen. Es ist wahrscheinlich nicht möglich, Kriterien aufzulisten, die Irrtümer als solche aufdecken könnten; statt dessen dürfte wohl nur eine Erfassung tatsächlicher Beispiele von Irrtümern denkbar sein. Zwar sind sich keine zwei Autoren einig über eine gemeinsame Liste möglicher Irrtümer, aber wenn man alle angegebenen Problemstellen zusammenfaßt, dürften es mehr oder weniger zwei Dutzend sein.

Der eklatante Mangel an Einheitlichkeit der aufzulistenden Beispiele wirft eine ernste Frage auf: Wer oder was bestimmt die Grenzlinie zwischen der Notwendigkeit, Irrtümer anzunehmen, und der Berechtigung, die Möglichkeit des Irrtums zurückzuweisen? Nehmen wir einmal an, in historischen Fragen dürften einige Irrtümer erwartet und geduldet werden, nicht aber in Angelegenheiten, die die christliche Lehre betreffen - wie können wir wissen, um *welche* historischen Fragen es dabei geht? Schließlich bauen einige wichtige biblische Lehren auf historischen Begebenheiten auf. Wo also können wir die Grenzlinie ziehen?

Zugestanden - es gibt ganz gewiß problematische Passagen, die zu untersuchen wären. Dennoch bleibe ich dabei: Wir dürfen sicher sein, daß keine dieser Passagen uns dabei zu dem Schluß verpflichtet, sie als Irrtum zu identifizieren.

Es würde den Rahmen dieses Buches sprengen, tief in Einzelheiten einzusteigen. Ich kann hier nur Anregungen geben. Es gibt andere Bücher und Kommentare, die tiefgreifende Information über einzelne Problemstellen bieten. An dieser Stelle geht es mir darum, Denkanstöße zu geben, die mit der Lehre der Irrtumslosigkeit vereinbar sind.

76

*Zwei Schöpfungsberichte*

Obgleich die Behauptung, es gebe zwei sich widersprechende Berichte über die Schöpfung weite Bereiche der Bibelauslegung beeinflußt, wird in der Diskussion über die Irrtumslosigkeit der Brennpunkt oft auf den vermeintlichen Widerspruch zwischen 1. Mose 1,11-12 und 1. Mose 2,5 gelegt. Nach der erstgenannten Stelle wurden die Pflanzen am dritten Tag geschaffen, die zuletzt genannte scheint auszusagen, daß es keine Vegetation gab, bevor Adam erschaffen war.

Eine derartige Schlußfolgerung beinhaltet zwei Fehler. Zum ersten: 1. Mose 2 fügt dem Schöpfungsbericht in 1. Mose 1 Einzelheiten hinzu; sie stehen dazu nicht im Widerspruch, sondern sie sollen eine Ergänzung bieten. So steht beispielsweise in 1. Mose 1,27, Gott habe den Menschen (hier ein Gattungsbegriff) männlich und weiblich erschaffen. Das bedeutet jedoch nicht, daß das erste menschliche Lebewesen ein männlich-weiblicher Zwitter gewesen sei. Die Einzelheiten der Erschaffung des männlichen Adam und der weiblichen Eva gibt 1. Mose 2,18-23 wieder. Ebenso fügt 1. Mose 2,5 dem Bericht von der Erschaffung der Pflanzenwelt am dritten Tag Details hinzu.

Zum zweiten: Die in 1. Mose 2,5 verwendeten Worte beziehen sich auf jene Art Pflanzen, die Kultivierung voraussetzen, nicht auf alle möglichen Arten grünen Pflanzenwuchses. Pflanzen, die der menschlichen Pflege beziehungsweise Kultivierung bedürfen, erschienen nicht, bevor Adam erschaffen war und sie dann kultivieren konnte, oder aber sie erschienen und wuchsen nicht, bevor Adam erschaffen war und sich um sie kümmern konnte.

H. C. Leupold hat diese Sache gut zusammengefaßt:

„Vers 4b führt uns zurück in die Zeit des Schöpfungswerkes, insbesondere zu jener Zeit, bevor das Werk des dritten Tages begann. Er lenkt unsere Aufmerksamkeit auf gewisse Einzelheiten, die kaum in Kapitel eins hätten eingefügt sein können. Die Tatsache etwa, daß gewisse Lebensformen, jene Arten nämlich, die der Aufmerksamkeit und sorgfältigen Pflege des Menschen in höherem Maße bedürfen, noch nicht gesprossen waren ... Als der grüne Pflanzenwuchs die Erde zu bedecken begann, wurde das Wachstum jener Art von Vegetation verlangsamt. Sie würde aufsprießen, sobald der Mensch im Vollbesitz seiner Kräfte und in der Lage sein würde, ihr die nötige Sorgfalt angedeihen zu lassen ... Die Tatsache, daß nicht alle Vegetation gemeint ist, belegt die Verwendung bezeichnender Begriffe, die bis dahin in dem Bericht nicht gebraucht worden waren ... All dies ist ein zureichender Beweis für die Absurdität der Behauptung, nach dem Bericht von 1. Mose 2,4 ff sei zuerst der Mensch geschaffen, dann erst die Vegetation." (H. C. Leupold, *Exposition of Genesis*; Columbus, Ohio, Wartburg, 1942, S. 112-13).

78

So existiert ein Widerspruch beziehungsweise ein Irrtum oder Fehler in diesem Bericht nur für jene, die dies wollen. Eine gute Exegese erfordert hier keinen Irrtum.

*Kains Frau*

Die Frage, woher Kain seine Ehefrau genommen hat, wird von den meisten Verteidigern einer irrtumsfreien Bibel überhaupt nicht als ein Problem erachtet. Jene aber, die zeigen wollen, daß die Bibel in dem, was sie behauptet, unzuverlässig sei, bringen sie immer wieder in die Diskussion. Wie kann die Bibel aber auch behaupten, daß Adam und Eva die ersten Menschen gewesen seien; daß sie zwei Söhne gehabt hätten, von denen einer den anderen ermordet habe und dennoch der Begründer einer großen Familie mit vielen Menschen geworden sei? Die Bibel lehrt klar, daß Adam und Eva - von Gott erschaffen - die ersten Menschen waren. Der Herr bestätigte das in Matthäus 19,3-9. Die Ahnentafel Jesu führt zurück bis auf Adam (Lukas 3,38). Judas 14 identifiziert Henoch als den „Siebenten von Adam an". Das kann schwerlich heißen „der Siebente der Menschheit" - eine Auslegung, die nötig würde, wenn Adam nicht als Individuum betrachtet werden dürfte, wie es manche fordern. Klar, Kain ermordete Abel, und dennoch wurden viele Menschen geboren.

Woher nahm Kain seine Frau?

Wir wissen, daß Adam und Eva außer Abel, Kain und Seth noch andere Söhne und Töchter hatten (1. Mose 5,4). Wenn es also ursprünglich nur eine Familie gab, dann mußten die ersten Ehen von leiblichen Geschwistern gebildet werden.

Solche Heiraten waren am Anfang nicht schädlich. Inzucht ist gefährlich, weil ererbte kranke Gene zu entstellten, kränklichen oder geistig zurückgebliebenen Kindern führen können. Diese schlimmen Fehlergebnisse der Fortpflanzung werden um so wahrscheinlicher, wenn jene Gene von beiden Elternteilen weitergegeben werden. Mit Sicherheit konnten Adam und Eva, die direkt aus der Hand Gottes kamen, keine solchen mutierten Gene haben. Daher standen Eheschließungen zwischen Geschwistern oder Nichten und Neffen in der ersten und zweiten Generation nach Adam und Eva nicht in einer derartigen Gefahr.

### 4. Mose 25,9

Die Plage, die Israels Verehrung des Baal von Peor folgte, tötete nach Moses' Bericht 24.000 Menschen. In 1. Korinther 10,8 gibt Paulus jedoch nur 23.000 Todesfälle wieder. Ein offenbarer Irrtum? Mitnichten, denn Paulus schränkt seine Zahl von 23.000 auf jene ein, die an einem Tage getötet wurden. Der Bericht in 4. Mose 25 stellt dar, wie die Richtenden das Gericht Gottes ausübten, und kann durchaus zusätzliche Todesfälle einbeziehen, die sich am vorhergehenden oder am folgenden Tag ereigneten. Mit anderen Worten: Es könnte sein, daß sie ihre schreckliche Aufgabe nicht an einem Tage ausführen konnten. Die beiden Berichte widersprechen sich nicht, weil Paulus hinzufügt: „an *einem* Tag".

Es schadet der Irrtumslosigkeit der Bibel aber auch nicht, wenn wir beide angegebene Zahlen als gerundet erwägen. Ist es so, dann lag die Zahl der Getöteten zwischen 23.000 und 24.000 Menschen. Wenn jeder der beiden Abschnitte aussagen würde, daß „exakt" oder „nur" eine bestimmte Zahl starb, und wenn dann die beiden Zahlen nicht übereinstimmten, dann würde es sich definitiv um einen Irrtum handeln. Das ist aber nicht der Fall.

*Wer veranlaßte David, Israel zu zählen?*
*(2. Samuel 24,1 und 1. Chronik 21,1)*

Einer der beiden Berichte sagt, es sei der Herr gewesen, nach dem anderen hingegen war es Satan. Weshalb aber soll dies ein Konflikt sein? Könnten in dieser Sache nicht beide, der Herr wie auch Satan, involviert gewesen sein wie auch bei anderen Gelegenheiten? Paulus schrieb, daß der Herr einen Boten Satans gesandt habe, um ihn (Paulus) vor der Überhebung zu bewahren (2. Korinther 12,7). Ganz gewiß ist sowohl der Herr wie auch Satan aktiv in Vorgängen, die zu Harmagedon führen. Weshalb nicht auch hier? Eine so einfache Lösung macht auch den leisesten Anschein eines Widerspruchs hinfällig. Und dennoch ist es keine Lappalie: Einer der den Irrtum der Bibel voraussetzenden Autoren erklärte ausdrücklich, daß „nicht beide Berichte richtig sein können. Vom Standpunkt lehrmäßiger Integrität besehen stellen sie jedoch beide exakt die gleiche Wahrheit in den Vordergrund: Was David tat, war falsch ...“ (Ray Summers, *The Baptist Standard*, 4. Februar 1970, S. 12).

*Wer tötete Goliath?*
*(2. Samuel 21,19 verglichen mit 1. Samuel 17,50)*

Tötete David Goliath oder tat es ein anderer mit Namen Elchanan? Bevor wir annehmen, daß die Berichte einander widersprechen und daß deshalb einer im Irrtum sein muß, laßt uns einigen anderen Fragen nachgehen: a) Könnte es möglich sein, daß David zwei Namen trug und daß der andere Name Elchanan lautete? Salomo hatte zwei Namen (2. Samuel 12,24-25). b) Könnte es zwei Riesen gegeben haben? Im unmittelbaren Zusammenhang (Vers 20) wird ein anderer Riese von Gath erwähnt. c) Vielleicht ist es so, daß Elchanan den Bruder Goliaths tötete. Alle diese Lösungen sind gleichermaßen plausibel. Es bedarf hier zur Erklärung der scheinbaren Unstimmigkeit keines Irrtums. Und sie alle erscheinen noch plausibler im Licht der erwiesenen Genauigkeit der Bibel an anderen Stellen.

*Gewisse Zahlen*
*in 2. Samuel 24 und 1. Chronik 21.*

Einige Zahlen in diesen Parallelberichten scheinen nicht miteinander zu harmonieren, und Menschen, die nach Irrtümern in der Bibel suchen, gehen davon aus, daß hier einige dieser gesuchten Irrtümer vorliegen. 2. Samuel 24,9 sagt, daß 800.000 Wehrfähige in Israel, 500.000 in Juda gezählt worden seien. 1. Chronik 21,5 hingegen gibt für Israel eine Gesamtsumme von 1.100.000 und für Juda nur 470.000 an. Der Unterschied zwischen den beiden für Israel angegebenen Zahlen kann daraus resultieren, daß die angegebene Zahl 800.000 nicht jene 300.000 Personen mit einbezieht, die in 1. Chronik 27 gesondert verzeichnet sind; werden sie jenen 800.000 hinzugefügt, so ergibt sich wieder die zweite angegebene Zahl von 1.100.000 Menschen (1. Chronik 21,5). Vielleicht betrifft die Differenz von 30.000 der beiden Zahlen für Juda die besonders erwähnten 30.000 Personen in 2. Samuel 6,1.

Als Gott den David eine Strafe selbst wählen ließ, da stellte er ihm als eine Möglichkeit eine Hungersnot zur Wahl, und zwar nach 2. Samuel 24,13 sieben Jahre, nach 1. Chronik 21,12 jedoch drei Jahre. Da die Septuaginta - die griechische Übersetzung des Alten Testamentes - in beiden Fällen drei Jahre nennt, ist möglicherweise die Zahl in 2.Samuel ein Abschreibfehler. Obgleich die Kopien mit größter

Sorgfalt angefertigt wurden, konnte sich der Fehler einschleichen. Dies scheint einer zu sein, aber es ist kein Fehler im Original - dieses war frei von Irrtümern, als es geschrieben wurde. Bedauerlicherweise kann die Irrtumslosigkeit nicht auf die Kopien ausgedehnt werden.

Schließlich scheint in diesen Kapiteln aus Samuel und Chronik die Frage ungeklärt zu sein, wieviel David für das Eigentum bezahlte, das er Arauna abkaufte. 2. Samuel 24,24 erklärt, es kostete 50 Schekel von Silber. 1. Chronik 21,25 sagt, der Preis habe 600 Schekel betragen. Die Differenz ist zu groß, sogar dann, wenn man von galoppierender Inflation ausgehen könnte. Ist sie aber auch dann noch zu groß, wenn die 50 Schekel allein für die Tenne (2. Samuel 24,24) bezahlt wurden und der größere Betrag für das ganze diese Tenne umgebende Besitztum?

*Das Becken in 2. Chronik 4,2*

In der Beschreibung der Abmessungen des Beckens wird sein Umfang mit dreißig Ellen angegeben (oder 540 Zoll, wenn der Elle 18 Zoll beigemessen werden) und der Durchmesser mit zehn Ellen (180 Zoll). Wie auch immer, der Umfang ergibt sich mathematisch durch Multiplikation des Durchmessers mit dem Wert Pi (=3,14159), und das sind mehr als 565 Zoll: ein scheinbarer Widerspruch. Ein Autor löst dieses Problem durch folgende Konstruktion: „In der Kultur dieser Tage war die Messung nicht nur richtig, sondern auch 'ohne Irrtum'!" (Robert Mounce, *Clues to Understanding Biblical Accuracy*, Eternity, Juni 1966, S. 18).

Es gibt jedoch eine bessere Lösung dieses scheinbaren Problems, die keiner Manipulation bedarf: Das Zehn-Ellen-Maß bezog sich auf den Überlauf des Wassers, das heißt, gemessen wurde von einer Kante des Überlaufrandes zur anderen. Vers 5 zeigt aber, daß die Breite dieses Randes eine Handbreit oder ungefähr vier Zoll betrug. So kommen wir zu einem Innendurchmesser von zehn Ellen (180 Zoll) abzüglich zwei Handbreit (acht Zoll). Die Multiplikation von 172 Zoll mit Pi ergibt wieder 540 Zoll - den gleichen Umfang wie in Vers 2 angegeben.

Die oben angeführten Passagen werden immer wieder herangezogen, um als Beispiele für Irrtümer im Alten Testament zu dienen. Ich habe versucht zu zeigen, daß es vernünftige Lösungen für diese Problemstellen gibt, ohne groß in die Einzelheiten zu gehen. Es gibt keine Notwendigkeit anzunehmen, daß es im Text des Alten Testaments Irrtümer gibt, abgesehen vielleicht von gelegentlichen Abschreibfehlern. Wie nun jemand diese Darstellungen betrachtet, wird das Vertrauen widerspiegeln, das derjenige in die Bibel setzt. Oder eben die Abwesenheit eines solchen Vertrauens.

**Kapitel 12**

# Einige Probleme im Neuen Testament

D ie Fehlersucher präsentieren auch eine Reihe von Passagen aus dem Neuen Testament, die angeblich die Irrtumslosigkeit der Bibel widerlegen. Zumindest aber sollen sie eine Definition von Irrtumslosigkeit erforderlich machen, die so weit gefaßt ist, daß sie eigentlich etwas mit Irrtümern Behaftetes beschreibt. Ein Autor zitiert 2. Chronik 4,2; 4. Mose 25,9; Markus 2,26 und Matthäus 22,42 als Beispiele für „eine Art von Irrtumslosigkeit, die nur um ein geringes von der völligen Übereinstimmung mit dem abweicht, was tatsächlich gesagt wurde", und für Probleme, für die nur mit „außerordentlich viel Phantasie" Lösungen entwickelt werden könnten (Robert Mounce, *Clues to Understanding Biblical Accuracy*, Eternity, Juni 1966, S. 18).

Ein anderer sieht sich beunruhigt von Matthäus 13,31-32 und von Problemen in Apostelgeschichte 7 und erklärt, ihre einzig mögliche Lösung sei mit Irrtumslosigkeit nicht vereinbar (Daniel P. Fuller, *Evangelicalism and Biblical Inerrancy*; unveröffentlichtes Material, 1966, S. 18-19). Und wiederum ein anderer zitiert Matthäus 27,9 als Beispiel für einen

Irrtum und sagt, es gebe „Hunderte von ähnlichen Beispielen" (Berkeley Mickelsen, *The Bible's Own Approach to Authority*, in: Jack B. Rogers, *Biblical Authority*; Waco, Texas, Word, 1977, S. 86). Wir können sicher nicht „Hunderte" von unbezeichneten Beispielen diskutieren. Wir wollen uns aber jene einmal näher ansehen, die in den Schriften als Beispiele herangezogen werden, deren Autoren an etwas Geringerem als völliger Irrtumslosigkeit festhalten.

### Matthäus 10,9-10 (Markus 6,8; Lukas 9,3)

Matthäus berichtet, Jesus habe den Jüngern erlaubt, Wanderstäbe mitzunehmen; wohingegen Markus und Lukas sagen, er habe dies verboten. Diese scheinbare Diskrepanz führt einen Irrtumssucher dahin zu sagen: „Ich finde keinen Weg, diesen Widerspruch aufzulösen. Die richtige Schlußfolgerung ist, denke ich, die Berichte als sich widersprechend zu betrachten und anzunehmen, daß hier mindestens eines der Evangelien irrt" (Stephen T. Davis, *The Debate about the Bible*, Philadelphia, Westminster, 1977, S. 106).

Stellt man die Berichte nebeneinander, so wird offenbar, daß der Herr den Jüngern gestattete, Wanderstäbe mitzunehmen, die sie bereits besaßen (Markus); sie sollten sich keinen nehmen, wenn sie nicht bereits einen hatten oder gut ohne einen Wanderstab marschieren konnten (Lukas). Auf keinen Fall sollten sie sich einen neuen Stab kaufen oder organisieren (so bei Matthäus, der ein anderes Verb benutzt als Markus und Lukas; es bedeutet erwerben oder bekommen). Der Grundgedanke, den der Herr mit seiner Vorschrift verfolgt, ist klar: Trefft keinerlei besondere Vorsorge für diese Mission!

Es ist zu beachten, daß die Unterstellung des Irrtums sich selbst weiternährt. Wenn man nicht jedem Wort der Bibel vertrauen darf, könnte man schließlich dazu übergehen, die Schrift ohne die erforderliche Sorgfalt auszulegen und dabei vollkommen angemessene Erklärungen problematischer Stellen wie dieser zu ignorieren oder zurückzuweisen.

*Matthäus 13,32*

In seinem Gleichnis vom Senfkorn sagte der Herr, das Senfkorn sei das kleinste von allen Samen (Luther, Elberfelder: „Kleiner als alle Samen"). Ist dies einfach eine irrtümliche Feststellung, da das Senfkorn botanisch nicht der kleinste Same ist? Bevor man zu dieser Schlußfolgerung kommt, sollte man bedenken, daß diese Aussage von Jesus Christus selbst getroffen wurde. Wenn er hier eine Lüge sagte, wie könnte er dann sündlos gewesen sein? Dies ist nicht bloß eine kleine, sachliche Unstimmigkeit. Wenn diese Feststellung nicht wahr ist, dann sagt das etwas aus über den, der sie getroffen hat, und es entsteht ein ernstes Lehrproblem. Man kann diese Angelegenheit nicht von ihren lehrmäßigen Verflechtungen losgelöst betrachten.

Wie aber sollen wir nun des Herrn Worte verstehen? Einen guten Vorschlag zum Verständnis machte vor einigen Jahren R. C. Trench: „Dieser Same, wenn er in den Boden gesät wird, ist *'der kleinste von allen Samen'* - diese Worte haben manchen Ausleger vor eine schier unlösbare Aufgabe gestellt, denn viele Samen wie die der Mohnblume oder Gartenraute sind kleiner. Dennoch sind Probleme dieser Art nicht wert, diskutiert zu werden. Es genügt zu wissen, daß 'klein wie ein Senfkorn' unter den Juden als sprichwörtliche Bezeichnung für etwas außerordentlich Kleines galt (siehe Lukas 17,6). Der Herr hielt in seiner populären Art zu lehren an der Sprache des einfachen Volkes fest" (R. C. Trench, *Notes on the Parables of Our Lord*, New York, Revell, n. d., S. 91).

Eine andere zu beachtende Tatsache ist, daß das hier mit „kleinste" (Luther) übersetzte Wort eigentlich gar kein Superlativ, sondern ein Komparativ ist. Es sollte (wie in der Elberfelder Bibel) richtiger übersetzt werden: „kleiner als alle [anderen Arten] von Samen." Mit anderen Worten, der Herr setzte hier kein Absolutum (das Senfkorn ist unbedingt der kleinste Same), sondern er plazierte das Senfkorn auf die Ebene der kleinsten Samen.

Vielleicht sollten die beiden Erklärungsansätze miteinander kombiniert werden. Technisch reihte er das Senfkorn unter die kleinen Samenkörner ein, und gleichzeitig baute er auf das sprichwörtliche Verständnis des Volkes von diesem Samenkorn als

Bezeichnung für etwas außerordentlich Kleines. Aber es unterlief ihm kein technischer oder wissenschaftlicher Irrtum.

### Die blinden Männer bei Jericho (Matthäus 20,29-34; Markus 10,46-52; Lukas 18,35-43)

Die Berichte über die Heilung der blinden Männer bei Jericho (einer von ihnen ist Bartimäus) enthalten einige unterschiedlich dargestellte Einzelheiten, die von manchen für unlösbar erklärt worden sind. Dies hat zu der Schlußfolgerung geführt, daß der eine oder andere der Berichte Irrtümer enthalten müsse. Matthäus schreibt, daß der Herr zwei blinde Männer geheilt habe, als er Jericho verließ. Die anderen Berichte erwähnen nur einen Blinden, der geheilt worden sei, als der Herr Jericho betrat. Für die Zahl der blinden Männer gilt: Hätte Markus oder Lukas geschrieben, da sei *nur* ein Blinder gewesen, dann läge wohl ein Irrtum vor. Wenn aber Bartimäus nur der vordere von Zweien war, dann würde es für einen Berichterstatter natürlich sein, sich auf ihn zu konzentrieren. Die Feststellung, da seien zwei gewesen, schließt die Konzentration auf einen von ihnen ein. Die Behauptung, es seien zwei Personen gewesen, würde dann zum Konflikt führen, wenn ihr die Aussage entgegenstünde, es habe *nur* eine gegeben. Das ist aber nicht der Fall.

Betreffs der Örtlichkeit, an der sich das Wunder ereignete, sind zwei plausible Lösungsvorschläge gemacht worden. Der eine legt die Vermutung nahe, daß die beiden Männer mit dem Herrn sprachen, als er Jericho betrat, aber nicht geheilt wurden, bevor er die Stadt verließ. Die andere bezieht sich darauf, daß zur Zeit Jesu zwei Jerichos existierten (das antike Jericho und die neue Stadt). Die Heilung könnte geschehen sein, als die Gruppe Alt-Jericho verließ und sich anschickte, die neue Stadt zu betreten. Folglich würde Matthäus mit seiner Bemerkung „als sie von Jericho auszogen" auf Alt-Jericho verweisen, während Markus' und Lukas' Darstellung „als er sich Jericho nahte" Neu-Jericho meinen könnte.

Welchem dieser Vorschläge man auch zustimmen mag - es besteht keine Notwendigkeit, in jenen Berichten einen unlösbaren Widerspruch zu sehen.

*Matthäus 23,35*

In diesem Vers wird der Priester Zacharias als ein Sohn des Barachias bezeichnet, in 2. Chronik 24,20 jedoch gilt er als Sohn Jojadas. Der Begriff „Sohn von" bedeutet aber nicht notwendigerweise die unmittelbar nächste Generation (wie wir in 1. Mose 31,28 sehen, wo Laban seine Enkel als Söhne und Töchter bezeichnet, oder wie das Beispiel des Christus zeigt, des Sohnes Davids und Sohnes Abrahams; Matthäus 1,1). Am wahrscheinlichsten ist, daß Jojada der Großvater des Zacharias war und daß er in dem Bericht der Chronik wegen seines größeren Ruhmes aufgeführt wird.

*Matthäus 27,9-10*

Der Hauptteil dieses Zitates kommt aus Sacharja 11,12-13, während Matthäus das ganze Zitat Jeremia beizumessen scheint. Ist dies nicht ein klarer Irrtum des Matthäus?

Ehe wir einer derartigen Schlußfolgerung zustimmen, müssen wir bedenken, daß Jeremia am Anfang der prophetischen Bücher des Alten Testaments im Babylonischen Talmud steht. Von daher könnte Matthäus einfach Jeremias Name gebraucht haben, um den Abschnitt des Alten Testaments zu kennzeichnen, aus dem das Zitat Sacharjas genommen ist. Dieser Sprachgebrauch ähnelt der Feststellung: „In einem Buch Müllers sagt Meier ..." - Meier schrieb also ein Kapitel in einem Buch, das Müller herausgegeben hat (was nicht heißen soll, daß Jeremia Sacharjas Weissagung editiert habe). Man beachte hierzu auch die Bedeutung, die Jeremia in Matthäus 16,14 beigemessen wird, wo er als einziger Prophet namentlich genannt ist, obgleich andere in die Feststellung mit einbezogen sind.

Obwohl dies die plausibelste Erklärung zu sein scheint, finden andere eine Lösung in dem Gedanken, Matthäus habe hauptsächlich die Ereignisse im Sinn gehabt, die in Jeremia 18 und 19 über das Haus des Töpfers erwähnt werden.

*Markus 1,2-3*

Diese Verse rufen ein Problem hervor, da unmittelbar auf die Worte „wie in dem Propheten Jesaja geschrieben steht" ein Zitat Maleachis folgt, dann erst eins von Jesaja. Viele betrachten dies als einen offensichtlichen Beweis für einen Irrtum, wenn auch für einen harmlosen. Jedoch die Struktur des Kapitels, beginnend mit den Worten „Anfang des Evangeliums", konzentriert die Aufmerksamkeit auf den Dienst Johannes des Täufers in der Wüste. So ist das Zitat Jesajas im Sinne von Markus das erstrangige, weil es von der Gestalt in der Wüste redet. Daß er sich hier an der Weissagung Jesajas orientiert, erklärt, weshalb er in Vers 2 ausschließlich Jesaja erwähnt.

*Markus 2,26*

Markus nimmt Bezug darauf, daß David und seine Männer die Schaubrote aus der Stiftshütte verzehrt hatten, und sagt in diesem Zusammenhang, Abjathar sei der Hohepriester gewesen. Dem entgegen berichtet das Alte Testament, daß bei dieser Gelegenheit Ahimelech Hoherpriester war (1. Samuel 21,1-6). Dieses Problem läßt sich lösen, wenn man davon ausgeht, daß das Ereignis wirklich während Ahimelechs Priesterschaft geschah, daß dieser jedoch bald darauf von Doeg, dem Edomiter, getötet wurde und unmittelbar danach sein entkommener Sohn Abjathar das hohepriesterliche Amt einnahm. Dadurch daß Abjathar sich bei David aufhielt, erscheint sein Name überdies prominenter als der seines Vaters. Markus sagt nicht, Abjathar sei der aktuelle Hohepriester bei diesem Ereignis gewesen, wohl aber ein Priester, der Gottesdienst hielt und bald darauf ein berühmter Hohepriester werden sollte. In ähnlicher Weise könnte man beispielsweise von irgendeinem Ereignis sprechen, das sich während der Senatoren-Jahre John F. Kennedys ereignete, und darauf Bezug nehmen als auf eine Begebenheit „in den Tagen Präsident Kennedys". Er war zwar noch nicht Präsident, als es geschah, sondern erst Senator, aber er wird als Präsident Kennedy identifiziert, weil er später ein berühmter Präsident wurde.

Die Beispiele aus dem Markus-Evangelium erinnern uns einmal mehr daran: Wenn jemand an die Bibel herangeht in der Erwartung, sie enthalte Irrtümer oder könne solche enthalten, so wird er Anhaltspunkte für einen Beispielfall finden. Tritt aber jemand in dem Bewußtsein an die Bibel heran, sie sei ohne Irrtum, so wird er plausible Lösungen für derartige Beispiele finden. Und selbst dann, wenn er nicht ehrlich einer dieser Lösungen zustimmen kann, bleibt ihm immer noch der Glaube, daß die Bibel ohne Irrtum sei und daß wir einfach noch nicht ausreichend genug Fakten zur Hand haben, um das eine oder andere Problem zu lösen.

94

*Der Tod des Judas*

In Apostelgeschichte 1,18 beschreibt Petrus den Tod des Judas so: Er „ist kopfüber gestürzt, mitten entzweigeborsten, und alle seine Eingeweide sind ausgeschüttet worden." Matthäus sagt: Er „ging hin und erhängte sich" (Matthäus 27,5). Aller Wahrscheinlichkeit nach sind beide Schilderungen wahr. Er erhängte sich zwar, aber es geschah etwas, das seinen Leib zum Sturz veranlaßte, wobei er aufbrach. Dies ist die einfachste aller denkbaren Lösungen. Sie wird seit der Zeit des Kirchenvaters Augustinus herangezogen.

Diese beiden Berichte über den Tod des Judas scheinen ein weiteres Problem zu beinhalten. Während Matthäus erklärt, daß die Priester den „Blutacker" kauften, schreibt die Apostelgeschichte den Erwerb dieses Grundstücks dem Judas zu. Auch hier ist die einfachste Lösung, daß beide Berichte korrekt sind. Die Priester konnten das Geld nicht zurücknehmen; so kauften sie den Acker in Judas' Namen, da sie nicht mit diesem Geld in Verbindung gebracht werden wollten.

*Probleme in Apostelgeschichte 7*

Obwohl es innerhalb des Begriffsrahmens von Irrtumslosigkeit läge, dem Stephanus in seiner Verteidigungspredigt eine irrige Äußerung zu gestatten, die dann von Lukas exakt berichtet worden sei, so möchte der erstaunte Ausleger doch so genau wie möglich wissen, was Stephanus wirklich sagte. Eine der diesbezüglichen Fragen zielt auf Vers 6, wo Stephanus die Dauer der ägyptischen Knechtschaft Israels mit 400 Jahren angibt. 2. Mose 12,40 berichtet aber von 430 Jahren. Des weiteren schrieb Paulus in Galater 3,17, daß das Gesetz 430 Jahre nach Abrahams Verheißung kam. Aus diesen Zahlen ergeben sich zwei Probleme: a) die Differenz zwischen 400 und 430 und b) der scheinbare Irrtum des Paulus, denn der Zeitraum zwischen Abrahams Verheißung und dem Gesetz war erheblich größer als 430 Jahre. Viele gehen einfach davon aus, daß es sich bei dem Unterschied von 400 und 430 um eine Annäherung handelt: 400 ist 430 abgerundet. Und die 430 Jahre im Galater-Brief zählen nicht von den Lebenstagen Abrahams bis zum Erhalt des Gesetzes (1. Mose 12 bis 2. Mose 20), sondern verweisen vielmehr auf das Ende des patriarchalischen Zeitalters (1. Mose 35, 11-12) und zählen von da an bis auf das Gesetz (2. Mose 20).

Andere meinen, daß die ägyptische Knechtschaft 400 Jahre dauerte. Die zweifache Angabe von 430 Jahren verweist ihrer Ansicht nach auf die Zeit zwischen der letzten Bestätigung von Gottes Vertrag mit Abraham gegenüber Jakob und dem Empfang des Gesetzes. Dies veranschaulicht einen der Fälle, zu deren Lösung uns einfach noch nicht genug Fakten zur Verfügung stehen, die uns eine schlüssige Entscheidung ermöglichen würden. Hier kommt einmal mehr der Standpunkt des einzelnen zum Tragen: Man kann annehmen, daß es in der Bibel Irrtümer gibt, oder man kann glauben, daß es eine vollkommene Lösung gäbe, wenn alle Fakten bekannt wären.

Für manche wirft das in Vers 14 erscheinende Problem eine Frage auf. Dort steht, daß Jakobs Familie aus fünfundsiebzig Personen bestanden haben soll. In 1. Mose 46,27 werden aber nur 70 angegeben. Stephanus folgt in der Apostelgeschichte der in der Septuaginta angegebenen Zahl, die fünf zusätzliche Personen enthält (Sohn und Enkel von Manasse und zwei Söhne und ein Enkel von Ephraim). 1. Mose bezieht diese nicht mit ein. Es ist aber in beiden Zahlen nur jeweils eine eingeschränkte Gruppe einbezogen, weil die vollständige Zahl der Familienangehörigen Jakobs viel größer gewesen wäre, hätte man die Ehefrauen von Jakobs Söhnen und Enkeln und die Ehemänner seiner Töchter und Enkelinnen mitgezählt, die nicht verzeichnet sind. Wenn jemand versuchen wollte, die Zahl der Glieder einer Familie dieser Größe aufzulisten - er würde schließlich leicht auf zwei verschiedene Wege verfallen, dies zu tun und ohne Widerspruch auf zwei verschiedene Ergebnisse kommen.

Dies sind die Beispiele für Probleme im Neuen Testament, die heute diskutiert werden. Manche von ihnen wurden während der ganzen Kirchengeschichte herangezogen, um Irrtümer in der Bibel

nachzuweisen. Seit ebenso langer Zeit werden angemessene Lösungen für diese Probleme vorgelegt.
Manche sind erst in neuerer Zeit ins Blickfeld geraten. Einige von ihnen könnten zu dem Schluß
führen, daß es in der Bibel Irrtümer gibt, aber es gibt
plausible Erklärungen für sie alle.

Erinnern wir uns: Es bedarf nur eines einzigen Irrtums, um zu einer irrtumsfähigen Bibel zu kommen.
Das könnte ein „verschwindend kleiner" Irrtum sein,
eine „bloße" Inkonsequenz, eine „geringe" historische Unstimmigkeit oder ein einfacher Lehrirrtum.
Wenn es jedoch wirklich einen Irrtum in ihr gibt,
dann haben wir keine irrtumslose Bibel mehr.

**Kapitel 13**

# Wichtige Verflechtungen

Niemand kann mit völliger Gewißheit voraussagen, welche einzelnen weiteren Lehren fallen, nachdem die Lehre der Irrtumslosigkeit der Schrift gefallen ist. Der Abfall folgt nicht immer einem logischen Muster. Nichtsdestoweniger kann man einige allgemeine Voraussagen machen über das, was geschehen könnte, wenn die Lehre von einer irrtumsfreien Bibel fällt.

Das soll nicht heißen, daß die irrtumslose Bibel von allen bestritten wird, die der einen oder anderen der Abweichungen folgen, die ich hier im folgenden auflisten will. Noch will ich behaupten, daß die Leugnung der Irrtumslosigkeit unvermeidlich die vermuteten weiteren Abweichungen von der bestehenden Lehre herbeiführen wird. Dennoch werden zumindest einige oder doch auch alle einleuchtend erscheinen, wann immer die Grundlage - Irrtumslosigkeit - verlassen wird.

*Abweichungen im Bereich des Übernatürlichen*

Es ist eine historische Tatsache, daß eine weniger als totale Sicht der Irrtumslosigkeit zur Leugnung einiger oder aller Wunder der Bibel geführt hat.

Normalerweise sind es die im Alten Testament berichteten Wunder, die zuerst entweder vollständig bestritten oder aber als weniger übernatürliche, sondern vielmehr natürliche Vorfälle erklärt wurden. Oft richtet sich der Angriff gegen die historischen Ereignisse, die in den ersten elf Kapiteln von 1. Mose berichtet werden. Das bedeutet, daß man die Berichte über die Schöpfung und den Sündenfall des Menschen oder über die Sintflut nicht mehr als historisch und sachlich wahr akzeptiert. Der direkte Angriff nennt sie „Mythen" ohne tatsächlichen Inhalt. Etwas weniger direkt versuchen manche, die „Wahrheit" der Geschichten aufrechtzuerhalten, während doch ihr sachlicher und historischer Inhalt geleugnet wird (eine Auslegung mittels eines hübschen Taschenspielertricks). Man sagt beispielsweise, nichts könne wahrer sein als die Tatsache der Sünde, aber natürlich habe es zu keinem Zeitpunkt der Geschichte einen Ort mit dem Namen Eden gegeben, und ebensowenig hätten jemals Personen mit den Namen Adam und Eva gelebt, die an diesem Ort die erste Sünde hätten verüben können. Aber gleichgültig, ob direkter oder indirekter Angriffsweg - das Ergebnis bleibt das gleiche: Die berichteten Ereignisse geschahen nicht wirklich historisch, und daher sind viele biblische Passagen mit Irrtümern behaftet.

Wem diese Behauptung denn doch allzu herb erscheint, der möge sich erinnern, daß die anderen Teile der Bibel auf die Ereignisse in 1. Mose 1-11 als historisch wahr verweisen. So werden beispielsweise

Aspekte von Schöpfungsbericht und Sündenfall in 2. Mose 20,11; 1. Chronik 1,1; Hiob 31,33; Hosea 6,7; Matthäus 19,4; Markus 10,6; Lukas 3,38; Römer 5,14; 1. Korinther 11,9; 15,22.45; 2. Korinther 11,3; 1. Timotheus 2,13-14 und Judas 14 bestätigt.

Die Abkehr von der Irrtumslosigkeit und eine naturalisierende Erklärung der Wunder gehen häufig Hand in Hand. Die Plagen in Ägypten bieten hierfür ein gutes Beispiel. Von da aus ist es nur ein kleiner Schritt, das Übernatürliche der Wunder Jesu zu leugnen. Die Annahme einer mit Irrtümern behafteten Bibel macht dies möglich und kann sogar dazu ermutigen.

Die Grundlage dieser Verneinung des Übernatürlichen ist die historisch-kritische Methode, mit der der Leugner einer irrtumsfreien Bibel die Heilige Schrift zu verstehen sucht. Diese Methode beruht auf liberalistischen Voraussetzungen der Bibelbetrachtung, die unvermeidlich auf Evangelikale abfärben, die sie anwenden. Diese Voraussetzungen beinhalten: a) es kann nichts als Gottes Wort akzeptiert werden, was sich nicht als solches beweisen läßt; b) der Verstand des Menschen sitzt über die Bibel zu Gericht und entscheidet, was Gottes Wort ist und was nicht; c) so wird akzeptiert, was menschliche Vernunft für Gottes Wort erklärt, und verworfen, was von ihr nicht als Gottes Wort deklariert wird.

Wende diese Methodologie auf die Schöpfungsfrage an, und hier ist das Ergebnis: Wenn man den

Standpunkt des Kreationisten über die Genesis nicht beweisen kann, so sagt man, es kann nicht Gottes Wort sein. Der Verstand, erfüllt von den Lehren der Evolution, entscheidet, welcher Teil von 1. Mose wahr ist und was neu übersetzt werden muß, um mit den Behauptungen der Wissenschaft zu harmonieren. Wer so auslegt, muß zu dem Schluß kommen, daß Adam und Eva nicht notwendigerweise die ersten Eltern waren, sofern sie überhaupt je existierten, und der ganze Schöpfungsprozeß könne sich nicht anders als nur in sehr, sehr langen Zeiträumen vollzogen haben.

Wende die gleiche Methode auf Engel und Dämonen an. Wesen dieser Art vertragen sich nicht mit Vernunft und Wissenschaft. So kommt der Verstand zu dem Schluß, daß sie nicht existieren können und daß jene Passagen der Bibel, die ihre Existenz lehren, entweder irren oder der Unwissenheit der Menschen jener Zeit entgegenkommen.

Wende die historisch-kritische Methode auf gewisse historische Teile der Bibel an, von denen die Fehlersucher annehmen, sie enthielten Irrtümer. Ihre intellektuellen Studien führen sie zu dem Schluß, daß es in manchen jener Bibelteile Irrtümer gibt und daß diese Teile daher nicht die gleiche Autorität beanspruchen können wie andere. Der zeitgenössische Verfechter einer mit Irrtümern behafteten Bibel sagt, das mache nichts, denn jene Irrtümer befänden sich in unwichtigen Teilen der Heiligen Schrift, die nicht unsere Lehre oder Glaubensausübung betreffen. Die offenbarenden Passagen seien ohne Irrtum, und das sei es, was unseren Glauben wirklich stützt.

Wer aber entscheidet eigentlich, welche Bibelteile Gott offenbarende sind und welche nicht zu dieser Kategorie gehören? Der Ausleger. Mit anderen Worten, der zeitgenössische Fehlersucher teilt die Bibel ein in Teile, die ausdrücklich den Glauben und besonders das Seelenheil betreffen und solche, die es nicht betreffen. Er verwendet eine Methode, die der liberalen historisch-kritischen Methode ähnelt. Natürlich, der „evangelikale" Fehlersucher bejaht nicht alle die gleichen Schlußfolgerungen des „liberalen", und er erachtet auch die Bibel in höherem Maße als maßgebend. Aber der „Evangelikale" bewegt sich dennoch auf der gleichen Ebene wie der „Liberale", wenn er sich auch nicht so weit oder so schnell von der Bibel entfernt hat.

*Abweichungen im sexuellen Bereich*

Die zeitgenössische Gesellschaft zeigt in verschiedenen Graden Toleranz gegenüber Ehebruch, Homosexualität, Abtreibung und Ehescheidung. Dies ist eine Herausforderung der Autorität der Bibel. Es kann auch den geistlichen Stand jener schwächen, die das Vorhandensein von Irrtümern in der Bibel anerkennen, weil hierdurch biblische Anordnungen so eklatant übertreten werden.

Eine Autorin stellt die Behauptung auf, daß die Frauen in der vorchristlichen Epoche gewisse Rechte hatten. Sie schreibt, die den Frauen bei der Christianisierung aberkannte Gleichberechtigung könne wiederhergestellt werden, wenn man annimmt, es gebe zwei rivalisierende Schöpfungsberichte in 1. Mose. Sie setzt den Akzent auf 1. Mose 1, nach dem beide - Mann und Frau - zur gleichen Zeit und daher gleichberechtigt erschaffen worden sein sollen. Eine derartige Auslegung bestreitet klar die Irrtumslosigkeit der Schrift und wird in diesem speziellen Fall gebraucht, um eine Toleranz zu rechtfertigen, die die Bibel eindeutig nicht gestattet (Virginia Ramey Mollenkott, *The Women's Movement*, Journal of Psychology and Theology 2, Nr. 4, Herbst 1974, 307-8).

*Abweichungen im Bereich der Unterordnung*

Könnte die Unterstellung von Irrtümern und einiger damit verbundener Abweichungen von der biblischen Lehre Symptom eines tieferliegenden Problems sein, des Problems der Unterordnung? Gott hat in der Heiligen Schrift eindeutig gewisse Hierarchien aufgerichtet, die von freizügigen Lehren über Homosexualität, Abtreibung oder die Rolle der Frau in Ehe und Gemeinde verletzt werden. Ähnliche Unbotmäßigkeit finden wir im zeitgenössischen Verhalten des „wahlfreien Gehorsams" gegenüber den staatlichen Gesetzen (den man ebensogut mit dem Etikett „wahlfreier Ungehorsam" versehen kann und der ja auch in Deutschland heute schon ganz offen als „ziviler Ungehorsam" und dabei als etwas Gutes apostrophiert wird). Wir konnten dies nicht nur in Relation zum Niedergang und Beginn des Krieges beobachten, sondern wir sehen es auch in bezug auf Gesetze, die von manchen als nicht gut erachtet werden, weshalb sie sich frei fühlen, sie zu mißachten. Die maßgebende Lehre von Römer 13 und 1. Petrus 2 läßt diesen Standpunkt jedoch nicht zu.

Darf ich ein Wort der Warnung an meine Mitstreiter für eine irrtumsfreie Bibel einfügen? Wir müssen sehr vorsichtig sein, daß unsere Auslegungskünste oder kunstvolle Fertigkeit der biblischen Exegese uns nicht zur praktischen Verleugnung der Irrtumslosigkeit führt, indem wir die Maßgeblichkeit einzelner Passagen vermindern, auf die wir solche Auslegung anwenden. Wenn wir nicht denken, daß Gott ehrlich sagt, was er meint, dann brauchen wir auch nicht anzuerkennen, daß er meint, was er sagt.

Wohin führt all dies? Scheinbar können manche einen überaus vernünftigen Standpunkt über die Bibel und ihre Maßgeblichkeit einnehmen, während sie gleichzeitig ihre völlige Irrtumslosigkeit leugnen. Andere haben sich weit von einem konservativen Standpunkt gegenüber der Bibel fortbewegt, leugnen die Geschichtlichkeit einiger historischer Bibelteile, verwässern die wundersamen Passagen, anerkennen einige der Schlußfolgerungen der historisch-kritischen Auslegungsmethode und ersetzen göttliche Autorität durch die menschliche, existentielle, subjektive Autorität. Viele stehen irgendwo dazwischen.

Man vergegenwärtige sich folgendes Bild: Es gibt zwei Wurstfabriken in der Stadt. Betritt man die erste der beiden, begegnet man einer fleckenlosen Sauberkeit. Man beobachtet den Produktionsablauf und sieht die Arbeiter die Zutaten für die Wurst mischen. Zufällig fällt einem von ihnen eine Handvoll Fleisch auf den Boden. Er greift schnell danach, hebt es auf und wirft es in den Abfall. Dann putzt er sogleich die Stelle des Bodens, wo das Fleisch hingefallen war, bis sie wieder fleckenlos sauber ist. Nach einiger Zeit kommt die Wurst aus der Fabrik, wird gut verpackt und als beste Qualität deklariert verkauft und ernährt die Leute, wenn sie gegessen wird.

Besuchen wir die andere Fabrik. Auch sie erscheint ganz sauber. Wieder beobachtet man die Arbeiter beim Mischen der Zutaten. Ein ähnliches Mißgeschick passiert, und einem der Arbeiter fällt etwas auf den Boden. Dieser jedoch hebt das Fleisch auf und legt es zusammen mit dem übrigen zurück in den Mixer. Er beugt sich herunter und wischt den Boden mit einem Lappen, den er aus seiner Hüfttasche gezogen hat. Der Produktionsprozeß wird fortgesetzt; die Wurst ist fertig, wird verpackt, als beste Qualität deklariert und verkauft und ernährt die Leute, wenn sie gegessen wird.

Die Würste aus beiden Fabriken erfüllen gesetzliche Standards, und sie sind beide nahrhaft. Stellen wir aber dennoch zwei Fragen. Erstens: Welche Marke würde man wohl vorziehen zu kaufen? Offenbar wird die in der fleckenlos reinen Fabrik hergestellte wünschenswerter sein als die andere. Auch die andere wird dem, der sie ißt, kaum schaden, allerdings könnte infolge der Unreinlichkeit doch etwas hineingelangt sein, was nicht hineingehört. Es könnte krank machen, diese Wurst zu essen. Wer könnte sicher sein, daß ein wenig Schmutz in der Wurst - oder ein wenig Irrtum in der Bibel - dem Benutzer nicht schaden wird?

Ehe wir die zweite Frage stellen, wollen wir dem gewählten Bild ein paar Einzelheiten hinzufügen. Die weniger reinliche Fabrik befindet sich im Familienbesitz. Die Söhne sind dazu ausgebildet worden, das Geschäft der Familie zu übernehmen. Bestandteil dieser Ausbildung war das Beispiel oder das gewöhnliche Verfahren, auf den Boden gefallene Zutaten wieder in die Maschine zurückzutun. Der Vater beobachtet die Dinge ziemlich genau, aber nicht perfekt. Nun die zweite Frage: Wenn die Söhne das Geschäft übernehmen - wie werden ihre Standards sein? Sind sie strenger als die ihres Vaters oder nachlässiger? Zumeist wohl nachlässiger, und dies um so stärker, desto mehr Zeit vergeht. Schließlich wird ihr Produkt eines Tages auch nicht mehr den gesetzlichen Anforderungen genügen, und sie werden aus dem Geschäft sein.

Wie sieht die Zukunft der Bibel aus? Vielleicht gibt uns das Gleichnis der beiden Wurstfabriken einen Anhaltspunkt.

Heutige Fehlersucher teilen das, was sie glauben, dem Kreis ihrer Anhänger mit und beeinflussen

Menschen in diesen Kreisen. Professoren mit diesem exegetischen Hintergrund beeinflussen ihre Studenten, diese Studenten beeinflussen ihre Gemeinden, diese Gemeinden beeinflussen ihre Kirchen oder Denominationen. Autoren, die an Irrtümer in der Bibel glauben, pflanzen den Samen des Zweifels in die Gemüter ihrer Leser. Sie sichern ihnen zu, daß sie ihren Kuchen (die Autorität oder Maßgeblichkeit der Bibel) haben und ihn auch essen können (die biblischen Irrtümer). All dies bedeutet Kämpfe - nicht nur für die Gemüter der gegenwärtigen Generation. Es schwappt über auf die nächste Generation von Lehrern, Predigern und Laien.

Die Fäden sind gezogen! Wo stehen Sie?